Pierluigi Romeo di Colloredo Mels

# GIUGNO 1940
# LA BATTAGLIA DELLE ALPI

**Pierluigi Romeo di Colloredo Mels** è nato a Roma nel 1966.
Archeologo e storico militare, è autore di numerosi lavori sulla storia delle due guerre mondiali e dei conflitti del periodo interbellico, Etiopia e Spagna, e delle unità della MVSN argomento del quale è considerato uno dei maggiori esperti a livello internazionale. Tra i suoi lavori ricordiamo *Camicia Nera! Storia delle unità combattenti della Milizia Volontaria Sicurezza Nazionale dalle origini al 25 luglio*, *Südfront. Il Feldmaresciallo Albert Kesselring nella campagna d'Italia 1943- 1945*; *Vittorio Veneto 1918. L'ultima vittoria della Grande Guerra. Da Sidi el Barrani a Beda Fomm 1940- 1941*; *Per vincere ci vogliono i leoni... I fronti dimenticati delle camicie nere, 1939- 1940*; *Controguerriglia! La 2ª Armata italiana e l'occupazione dei Balcani 1941- 1943*; *Confine orientale. Italiani e slavi sull'Amarissimo dal Risorgimento all'esodo*.
E' redattore di *Storia Rivista* e collabora con le riviste *Nova Historica*, *Storia in Rete*, *Ritterkreuz*, *Fronti di guerra* e *Il Primato Nazionale*.

# STORIA

ISBN: 9788893275842 prima edizione giugno 2020
**SPS-060-Giugno 1940. La battaglia delle Alpi.** Di Pierluigi Romeo di Colloredo Mels
Editor: **Luca Stefano Cristini Editore per i tipi di Soldiershop serie Storia-** Cover & Art Design: L. S. Cristini.

# INDICE

Premessa ... pag. 5

La situazione strategica nel giugno 1940 ... pag. 7

L'entrata in guerra dell'Italia e l'inizio delle ostilità 21 giugno ... Pag. 15

L'offensiva italiana ... pag. 33

Le divisioni italiane nella campagna del giugno 1940 ... pag. 105

La guerra degli alpini ... pag. 115

La Regia Aeronautica nella campagna delle Alpi ... pag. 133

L'armistizio di Villa Incisa ... pag. 145

Conclusioni ... pag. 151

Promemoria n. 328 del 31 marzo 1940 ... pag. 159

Bollettini italiani dal 12 al 25 giugno 1940 (nn.1- 14) Ordini battaglia ... pag. 161

Bibliografia ... pag. 199

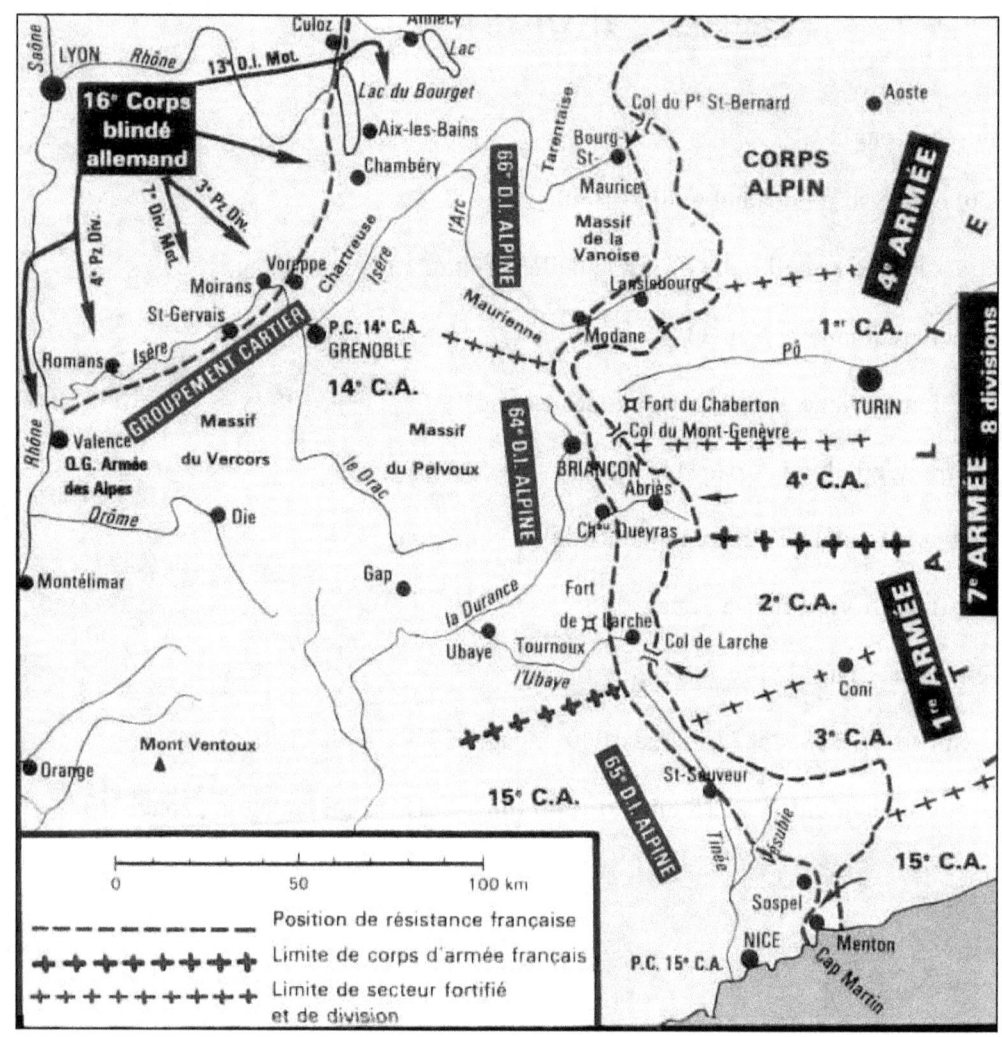

**Il fronte occidentale in una cartina francese**

# PREMESSA

Starace – di ritorno dal fronte – dice che l'attacco sulle Alpi ha documentato la totale impreparazione dell'esercito: assoluta mancanza di mezzi offensivi, insufficienza completa nei comandi. Si sono mandati gli uomini incontro ad una inutile morte, due giorni prima dell'armistizio, con gli stessi sistemi di venti anni or sono. Se la guerra in Libia ed in Etiopia sarà condotta in egual maniera l'avvenire ci riserba molte amarezze".

Galeazzo Ciano, Diario, 25 giugno 1940)

Ad ottant'anni dall'entrata in guerra del regno d'Italia, abbiamo pensato di dedicare agli avvenimenti di quel giugno così lontano cronologicamente quanto vicino nelle sue conseguenze un lavoro snello ma esauriente che tratti di una pagina in buona parte obliata, almeno in Italia, e ancor più distorta nella memoria: la breve guerra italo-francese combattuta tra le Alpi della Savoia ed il mare delle Riviera.
La memoria di una pagina non certo luminosa della storia militare italiana è riassunta nella retorica del pugnale nella schiena piantato dal Regime ad una Francia oramai a terra, che pure resistette allo sciacallo d'oltralpe, e seppe fermarlo sino alla fine.
Vedremo se la realtà corrisponda o meno a queste affermazioni: in realtà i rapporti tra le due potenze mediterranee erano tesi già della fine della Grande Guerra, passando per Fiume e l'appoggio della Francia agli jugoslavi in senso di contenimento della potenza italiana in Adriatico, e per le vicende della guerra italo-etiopica e di quella spagnola, quando la Francia del *front populaire* appoggiò la repubblica popolare in chiave antiitaliana, sperando di ottenere le Baleari come base navale proprio contro Roma, cui rispose la robuante propaganda irredentista che chiedeva Nizza, Savoia, Tunisi e Corsica, in modo assai poco realistico, invero.
Del resto Mussolini aveva avuto intenzione di entrare in guerra il 15 maggio, venendo dissuaso da Hitler che il 10 lanciò la *blitzkrieg* che avrebbe messo in ginocchio quello che amici ed avversari consideravano il più forte esercito del mondo; la nuova data, quella del cinque giugno venne di nuovo posticipata su richiesta germanica al dieci: non v'era quindi nessuna intenzione da parte italiana di attaccare un paese già a sconfitto.
Del resto, le disposizioni dello Stato Maggiore Generale italiano erano chiare: non aprire per primi le ostilità, e giudichi il lettore se fosse o no follia

dichiarare una guerra per poi non iniziarla.

E quando la guerra iniziò vi fu una serie di ordini e contrordini, tanto che l'offensiva italiana ebbe inizio solo il 21 giugno, undici giorni dopo la dichiarazione di guerra, in condizioni inconcepibili, con le fanterie mandate all'assalto senza supporto di artiglieria e dell'aviazione, per le condizioni meteorologiche invernali, sotto la neve, contro i fortilizi della *Maginot des Alpes*.

Eppure a dispetto di tutto, del nemico, del tempo, dei loro stessi comandi da Mussolini sino ai comandi divisionali, alpini, camicie nere, bersaglieri e fanti si batterono benissimo, anche contro magnifici soldati quali le *Sections de Eclaireurs Skieurs*: e non è vero che i francesi vinsero la breve campagna, come pure sostenuto da uno storico come Giorgio Rochat- il quale scrive anche che il 15 giugno in uno scontro aereo i francesi abbatterono cinque CR42 italiani senza subire perdite: in realtà gli aerei abbattuti, in tre circostanze diverse ma dallo stesso pilota, l'*adjutant* Le Gloan, furono quattro e non cinque[1], e negli stessi scontri gli italiani abbatterono ben otto aerei avversari[2]!- o come preteso oltralpe dove le prestazioni spesso valorose dei reparti dell'*Armée des Alpes* sono state circondate da leggende grottesche, come quelle di nove uomini che a mentone avrebbero fermati da soli tremila italiani, o degli aerei dalle coccarde tricolori verdi bianche e rosse che avrebbero criminalmente mitragliato e bombardato i profughi civili sulla Loira... basti pensare che gli aerei italiani non avevano sulle ali il tricolore ma i fasci littori!

Vedremo anche come le perdite francesi siano state quasi dieci volte superiori a quanto di solito riportato con dati scientemente sottostimati, senza tener conto dei dispersi che non compaiono tra i prigionieri fatti dagli italiani e quindi da considerarsi morti.

Cercheremo di ridare al Regio Esercito ed alla Milizia, che fu sempre in prima linea nella campagna, il ruolo che hanno realmente svolto, al di là della propaganda post bellica, senza nulla nascondere dell'impreparazione e dell'improvvisazione cialtronesca con la quale i soldati italiani vennero mandati in combattimento dai vertici politici e militari, senza denigrazioni ma anche senza autoassoluzioni, centrando la nostra attenzione sulle truppe italiane, poiché su quelle francesi esiste oltralpe una vasta e recente bibliografia..

PrdC, giugno 2020.

---

[1] G- Massimello, G. Apostolo, *Italian aces of World War 2*, Oxford 2000, p.11.
[2] Tre Bloch B 152 e cinque Dewoitine D 520.

# LA SITUAZIONE STRATEGICA NEL GIUGNO 1940.

La battaglia sulle Alpi Occidentali fu il primo importante scontro sostenuto dall'Italia nella seconda guerra mondiale. Il Regio Esercito schierava sulle Alpi occidentali, dalla Svizzera al mare, dal Monte Bianco alla riviera ligure, due Armate: la 4ª a nord e la 1° a sud; a queste si contrapponeva - da parte francese - *l'Armée des Alpes*, asserragliata nella cosiddetta *Maginot delle Alpi.*.

Un argomento solitamente tralasciato o scientemente alterato, per sottolineare le carenze mostrate dal Regio Esercito, e omettendo sempre il contributo veramente determinante dato dalle formazioni della Milizia, che si dimostrarono di una combattività ben superiore alla maggior parte dei reparti delle divisioni cui le legioni erano aggregate, ed alle quali abbiamo cercato di rendere giustizia.

Si trattava di una dura guerra di montagna, in territorio difficilissimo e scarso di vie di comunicazione, guerra da combattere contro due nemici: le agguerrite truppe francesi da montagna, formate da uomini dei luoghi stessi che conoscevano il terreno palmo a palmo, e il clima - l'inverno alpino - che ancora, a giugno, non aveva cessato di imperversare.

Dopo i nove mesi della *non belligeranza*, Mussolini, che puntava su una rapida conclusione del conflitto facilitata dalla travolgente avanzata tedesca nel nord della Francia, decise di precipitare l'Italia nella guerra dichiarando aperte le ostilità contro la Francia e l'Inghilterra il 10 giugno 1940.

A fronteggiarsi sul fronte alpino nel corso della breve campagna italo-francese furono l'*Armée des Alpes*, forte di 250.000 uomini al comando del generale Olry e suddivisa nei tre settori fortificati della Savoia (SFS), del Delfinato (SFD) e delle Alpi Marittime (SFAM), con una divisione per settore affiancata da tre divisioni di fanteria, da parte francese; e il Gruppo Armate Ovest, costituito il 29 agosto 1939 a Bra (Cuneo), appoggiato da varie divisioni motorizzate e dall'8ª Armata, agli ordini del principe di Piemonte Umberto di Savoia, con un organico pari a 312.000 soldati e 12.500 ufficiali, inquadrati nella 4ª Armata, al comando del generale Guzzoni, schierata dal San Bernardo al Monte Granero, e nella 1ª Armata del generale Pintor allineata dal Granero al mare, da parte italiana.

La 4ª Armata copriva il fronte dalla Svizzera a Monte Granero incluso e comprendeva i settori:
Baltea- Orco- Stura.
Moncenisio- Bardonecchia.
Germanasca- Pellice.

La 4ª Armata era forte di 78 battaglioni: di questi ll erano di Camicie Nere, cioè circa il 15% del totale.

La 1ª Armata si schierava dal Monte Granero al mare e comprendeva i settori:
Maira- Po- Stura.

Roia- Gessi.
Media e Bassa Roia.
Essa era composta di 110 battaglioni, dei quali 17 erano di Camicie Nere., vale a dire oltre il 15%.
Nel giugno 1940 il Gruppo armate ovest schierato in Piemonte e Liguria contava due armate, la 1a sud, la 4a a nord. Per un totale di 18 divisioni di fanteria (più piccole di quelle francesi: le divisioni binarie italiana erano in realtà brigate di fanteria con un reggimento di artiglieria ed una legione di Camicie Nere), quattro divisioni alpine e sei gruppi di battaglioni di forza poco inferiore, circa 300.000 uomini e 3.000 cannoni.
Alle loro spalle c'era la 7a armata, detta Armata del Po, con 10 divisioni mobili di limitata efficienza, mentre due armate con 10 divisioni di fanteria presidiavano la frontiera orientale.
Si trattava di divisioni di efficienza variabile: secondo dati ufficiali, delle 73 divisioni esistenti nel giugno 1940 soltanto 1diciannove erano complete o quasi, 32 incomplete ma impiegabili, le altre di poca efficienza per mancanza di mezzi.
Un'offensiva francese che pure sarebbe stata possibile anche se improbabile, ma possibile nell'autunno 1939, e come scrive Rochat, giustificava il concentramento di truppe italiane alla frontiera francese poteva avere un senso; ma nel giugno 1940 tuttavia un'offensiva francese non era più possibile: eppure i 300.000 soldati italiani ammassati ai piedi delle Alpi mantenevano uno schieramento difensivo.
Quasi tutte le truppe erano dislocate in pianura, allo sbocco delle valli; e tutte le artiglierie italiane erano schierate su posizioni arretrate, con funzioni difensive, potendo battere solamente il versante italiano per fermare infiltrazioni francesi, ma avevano bisogno di parecchi giorni per spostarsi su posizioni da cui fosse possibile raggiungere le fortificazioni francesi: e così. Come vedremo, le fanterie italiane vennero lanciate contro munitissimi fortini con nessuna possibilità di successo
Le forze francesi Nel settembre 1939 la VI armata francese dislocata dal monte Bianco al mare contava 11 divisioni *d'active* (di cui sei di *Chasseurs des Alpes*), più le truppe per la difesa della frontiera, reparti mobili e guarnigioni delle fortificazioni. In tutto 550.000 uomini, molto più del necessario per la difesa di una frontiera ben fortificata.
Orograficamente, il fronte, che andava dal Monte Bianco al mare, sul versante francese, era molto meno ospitale e più selvaggio di quello italiano. Le Alpi Francesi, a differenza di quelle italiane, s'inoltrano per centinaia di chilometri nell'interno e le valli anziché perpendicolari alla catena alpina come quelle italiane, corrono prevalentemente parallele.
Pur non essendo una barriera insormontabile, le Alpi del Sud si presentano come un grande argine naturale alle comunicazioni tra la Riviera e la Pianura Padana. L'attraversamento delle Marittime ha sempre costituito per gli eserciti un ostacolo impegnativo, ma anche la via più diretta e veloce per raggiungere le pianure del Po e del Rodano, che nei nuovi scenari geopolitici dell'epoca moderna acquisiscono un'importanza crescente. Senza contare che l'assenza di grandi città nelle regioni alpine costituiva la possibilità di un passaggio più sicuro per gli uomini in armi. Proprio perché le Alpi erano nello stesso tempo permeabili e malagevoli, montagne

da difendere e da attraversare, per secoli gli eserciti hanno costruito lungo lo spartiacque numerose opere militari. La linea di displuvio diventa una frontiera da fortificare in età moderna, quando si impone il principio che attribuisce "a ogni stato le acque che vi scorrono". L'area alpina viene così spartita secondo confini artificiosi detti poi "naturali" che, per seguire gli spartiacque (a scopo militare) sovente tagliano in due antiche regioni storico-culturali uniformi sui due versanti.

È un processo che si definisce pienamente con il trattato di Utrecht del 1713, che sancisce la formazione, sulle Alpi, di frontiere (teoricamente) stagne, invalicabili, "sacre".

L'organizzazione generale delle opere militari nelle Alpi Marittime risponde a due logiche. La prima è quella della conformazione naturale del Massiccio dell'Argentera-Mercantour, un castello di rocce cristalline delimitato a nord-ovest dal Colle della Maddalena, che mette in comunicazione la Valle dell'Ubaye (e quindi della Durance e la Provenza) con le valli della Stura di Demonte e del Po, e a sud dal Colle di Tenda, che collega il Piemonte al mare attraverso la Valle Vermenagna e la Valle Roya. Sono stati soprattutto questi due valichi agli estremi delle Alpi Marittime, e le valli che vi confluiscono, l'oggetto delle principali attenzioni da parte degli architetti militar

La seconda logica è politica. Le opere fortificate sono state edificate da entrambe le parti dei confini in funzione di una frontiera modificata di frequente. Per questo motivo sono da prendere in considerazione due periodi principali. Il primo precede il passaggio della Contea di Nizza alla Francia nel 1860, durante il quale il confine seguiva la Valle del Var; il secondo periodo è quello successivo, durante il quale la frontiera ricalca, a grandi linee, il tracciato attuale.

Il nuovo confine italo-francese stabilito dal Trattato di Parigi del 1860 costringe i due paesi a modificare le loro strategie difensive. La Contea di Nizza e l'Authion diventano francesi, consentendo alla Francia un accesso più diretto dal Colle di Tenda. Durante la negoziazione del trattato, Vittorio Emanuele II ottiene da Napoleone III di poter conservare i territori delle sue riserve di caccia, con il risultato che la nuova frontiera si sposta ben al di là della linea di cresta naturale, mettendo gli italiani in posizione di forza su tutti gli sbocchi delle valli frontaliere: Roya, Vésubie e Tinée. Un semplice capriccio del *Roi chasseur* o un astuto stratagemma militare ? Di fatto lo Stato Maggiore francese è obbligato a stabilire la propria linea difensiva alle spalle dei comuni limitrofi di Saorge, Saint-Martin-Vésubie, Valdeblore e Saint-Sauveur-sur-Tinée.

La prima serie di fortificazioni viene realizzata dal generale Séré de Rivière, creatore in tutta la Francia di un sistema difensivo basato sui progressi dell'artiglieria.

La vasta piattaforma sommitale dell'Authion è la prima ad usufruire di queste modernizzazioni, con la costruzione, nel 1895, dei forti di Mille Fourches, della Forca e della ridotta dei Trois Communes.

La protezione della via del Colle di Tenda viene completata dal poderoso forte del Barbonnet, che controllava tutto il bacino di Sospel, ultimo bastione difensivo sulla strada per Nizza.

Nell'Ubaye, la modernizzazione del forte di Tournoux inizia nel 1870, e viene completata da una serie di importanti opere d'appoggio, come le batterie dei Cols de

Caurres, della Serre de Laut, della Roche la Croix, del forte di Cuguret e della capanna Olivier (chiamata anche "batteria Mallemort"). Questo sistema difensivo era completato da numerose altre opere, poste in particolare sul fondo delle gole, come quelle che si trovano nelle basse valli della Vésubie e della Tinée.

Generalmente si pensa che la linea Maginot si limitasse alla frontiera franco-tedesca. Ma la salita al potere di Mussolini in Italia nel 1922, e le pretese che manifesta già nel 1928 sul territorio della ex Contea di Nizza, convincono lo Stato Maggiore francese a estendere la linea difensiva alle Alpi, realizzando così una serie di opere spettacolari comprendenti numerose casematte, osservatori e avamposti, alcuni dei quali in alta quota.

Nel 1922 era stata creata la CDF ( Commissione di Difesa delle Frontiere ); nel 1927, questa organizzazione divenne la CORF (Commissione d'Organizzazione delle Regioni Fortificate ). I primi lavori iniziarono nel 1928 sul confine coll'Italia: il fascismo italiano era considerato più minaccioso della Repubblica di Weimar, e solo nel 1929, cantieri vennero aperti sul confine nord orientale della Francia per la creazione della Linea Maginot.

Anziché organizzare una linea continua, sul confine italiano i francesi avevano costruito piccoli forti raccordati a postazioni di mitragliatrici in casematte ben mimetizzate.

Nei forti di tipo Maginot erano trincerate l'artiglieria e la fanteria alpina: i famosi *Battaillons Alpins de Fortesse*. Queste vere e proprie *navi di cemento armato*, come sono state definite, possedevano dei sotterranei che a volte scendevano a più di cento metri sotto la superficie e potevano accogliere una forza di quattrocento uomini. Le trasmissioni avvenivano tramite linea telefonica e via radio. Possono essere citate le grandi opere di Sainte Agnès, di Saint Roch, del Monte Grosso, del Barbonnet (Forte Suchet) e dell'Agaisen a Sospel, del Plan-Caval e del Colle di Brouis all'Authion, di Flaut e Gordolon in Vésubie, di Rimplas nella media Valle della Tinée, di Restefond in alta Val Tinée, come pure i forti dell'Ubaye, che vengono a loro volta modernizzati.

Da parte italiana, il *Piano generale per la difesa dello Stato* (o Piano Ferrero) del 1871 e la conclusione della Triplice Alleanza con Germania e Austria del 1882 ridefiniscono la strategia militare italiana.

La difesa della Alpi Occidentali viene basata in parte sulla trasformazione delle vecchie fortezze di fondovalle in sbarramenti articolati in più opere difensive (Vinadio, Moncenisio), e in parte sulla realizzazione di *sistemi a campo trincerato* a difesa dei colli rivolti verso la costa ligure (Colli di Tenda, di Nava, di S. Bernardo, del Melogno).

La fortezza di Vinadio si adegua alle nuove esigenze difensive trasformandosi in *opera di sbarramento* con la realizzazione di due batterie fortificate più elevate che la fiancheggiano da una quota di 1.200 metri, la Neghino e la Serziera, aumentando così il raggio di azione della piazza.

Attorno al 1890, per proteggere i fianchi dello schieramento, vengono costruiti, alle spalle della batteria Serziera, il Corpo di Guardia difensivo di Les Sources, e, ancora più a monte dei ricoveri difensivi a Cima del Trent, Testa Rimà e Cima Ciarnier. Nel 1897 lo schieramento è completato con la postazione del Piroat, a monte del Corpo di Guardia. A questo sbarramento difensivo si aggiungono, da Pianche verso il Colle della Maddalena, numerose postazioni distribuite strategicamente sui due versanti della valle, in grado di contrastare ogni tentativo di incursione dalla Francia.

Le nuove linee strategiche imposte dagli alleati tedeschi prevedono inoltre la costituzione di numerosi caposaldi alpini disposti capillarmente presso tutti i valichi di confine (caserme difensive, ricoveri, posti di guardia) e presidiati da Alpini e Bersaglieri. Queste opere devono servire come sbarramento e difesa, ma anche da basi di partenza per rapide controffensive in territorio nemico. Ogni colle delle Alpi Marittime viene così dotato di piccole opere campali e di guarnigioni di fanteria per la *difesa mobile*. A partire dal 1885 venne costruito in Valle Gesso il complesso di caserme del Druos (2.466 metri) e dei Laghi di Valscura (2.250 metri), in grado di ospitare rispettivamente 250 e 140 uomini, e dei Laghi e Colle di Fremamorta, per 130 uomini.

Fra il 1883 e il 1888 viene realizzato lo Sbarramento del Colle di Tenda, un campo trincerato costituito da 6 opere principali su 2 linee difensive; una sulla displuviale principale, con i forti Giaura, Pernante, Colle Alto (o Centrale) e Pepino, e una più avanzata, con i Forti Margheria e Taborda ai lati e la "Tagliata" al centro. Questa era un fosso trasversale che interrompeva il piano viabile della nuova galleria del Tenda, posto a poche decine di metri dal suo accesso meridionale e battuto, in caso di necessità, da artiglieria leggera.

Tutto il complesso era rafforzato da postazioni campali per artiglieria ed era in grado di accogliere un migliaio di uomini e oltre 50 cannoni. La piazzaforte viene utilizzata fino al 1943.

La più recente linea difensiva italiana risale al 1931. Anche nelle basse valli Stura, Gesso e Vermenagna vengono realizzate le opere del Vallo Alpino, un insieme di fortificazioni costruite sul modello della linea Maginot, ma di dimensioni più modeste. Si trattava di caposaldi staccati, in caverna (sotterranei) o in casamatta, destinati ad accogliere pezzi di artiglieria e mitragliatrici. Sul Colle di Tenda vennero costruite solo 4 postazioni in caverna per mitragliatrici.

Il fronte principale per la Francia era ovviamente quello del Reno, ma l'esercito francese non aveva rinunciato a preparare un'offensiva verso l'Italia: ancora nell'agosto 1938 il generale Gamelin domandava al generale Billotte, comandante del teatro di operazioni SudEst (da cui dipendeva la 6a armata) di mettere a punto *une offensive d'ensamble sur le front des Alpes*. I preparativi per un'offensiva continuarono fino al settembre 1939. Poi tutte le truppe mobili vennero portate a nord.

Il 28 maggio 1940, l'esercito belga aveva deposto le armi. Il 29 maggio, alle 11, a Roma, nella sala del Mappamondo di palazzo Venezia, Mussolini convocò a rapporto i responsabili delle operazioni militari, e cioè il Maresciallo Badoglio, il Maresciallo Graziani, l'ammiraglio Domenico Cavagnari, sottosegretario e Capo di Stato Maggiore della Marina, e il generale Francesco Pricolo, sottosegretario e Capo di Stato Maggiore dell'Aeronautica, ai quali comunicò quelle che sarebbero dovute essere le direttive strategiche italiane, che verso la Francia erano di mantenere la difensiva, fissando indicativamente la data del 5 giugno per l'intervento, ed istituendo l'Alto Comando:

Vi ho convocati questa mattina per comunicarvi quanto segue.

Nel mio memoriale del 31 marzo, ho spiegato, con una logica che la Maestà il re ha trovato *geometrica* che non possiamo assolutamente evitare la guerra, che non possiamo farla con gli Alleati, che non possiamo farla che con la Germania.

Rimaneva la data, cioè il problema più importante da risolvere in relazione al ritmo di guerra. Questa data era stata, in un primo tempo, fissata per la primavera del 1941. Dopo la facile conquista della Norvegia e la dominazione della Danimarca, io avevo già accorciato questa data ai primi di settembre del 1940.

Adesso, dopo la conquista dell'Olanda, la resa del Belgio, l'invasione della Francia e la situazione generale che si è determinata, io ho ancora accorciata questa distanza e considero tutti i giorni buoni per entrare in guerra, dal 5 giugno prossimo venturo.

La situazione attuale non permette ulteriori indugi, perché altrimenti noi corriamo dei pericoli maggiori di quelli che avrebbero potuta essere provocati con un intervento prematuro. D'altra parte, a mio avviso, la situazione, per quello che riguarda i cosiddetti Alleati, è definitiva. Nell'ultima lettera che mi ha mandato Hitler e che ho letta ieri al maresciallo Badoglio, sono contenute queste affermazioni: la Germania ha mobilitato duecentoventi divisioni; di queste, dieci sono in Norvegia, quindici in Polonia, quindici o venti sono da considerarsi provate.

Restano centosessantacinque divisioni intatte, che la Germania può lanciare nella mischia quando vuole, contro settanta-ottanta divisioni francesi, perché su quelle inglesi non si può ormai contare come apporto di masse. Oltre a ciò, superiorità schiacciante dell'aviazione germanica sulla francese; meno schiacciante su quella inglese. Comunque superiorità indiscutibile.

Questa realtà può essere alterata? No. Non può essere alterata con la produzione della Francia, perché i tedeschi bombarderanno tutti i centri di produzione; né con la produzione dell'America perché anche se fossero inviati i duemilacinquecento apparecchi esistenti attualmente secondo il discorso di ieri del Presidente Roosevelt, il portare questi apparecchi in Europa sarebbe già un'impresa difficile, ed avendo i tedeschi occupata i punti delicati della costa francese, anche le operazioni di sbarco sarebbero problematiche, almeno nella fascia settentrionale.

Lo stesso re del Belgio ha giustificato - ed a mio avviso è pienamente giustificabile - il suo atteggiamento, anche a causa delle enormi sofferenze della popolazione civile. Il signor Pierlot è meno importante del re del Belgio; è un mediocre politicante venuto fuori dalla fiducia dei regimi parlamentari.

Tutte le informazioni, che sono unanimi nel constatare questo stato di fatto (è chiaro che la strategia tedesca si dirigerà verso Parigi e Londra), pongono la domanda se il popolo potrà resistere successivamente sulle linee dei fiumi della Francia.

Ora mi domando se questa resistenza non sarà fiaccata quando noi interverremo.

La Francia non può sperare in niente prima del 1942, ed a quell'epoca le cosa saranno liquidate.

Precisato che dal 5 giugno in poi l'ora X può arrivare da un momento all'altro, io confermo, per quel che riguarda le direttive politicostrategiche, la mia memoria del 31 marzo. Sul fronte terrestre non potremo fare nessuna cosa di spettacolare: ci terremo sulla difensiva. Si può prevedere qualcosa sul fronte est; caso Jugoslavia.

Le nostre forze si dirigeranno verso l'Inghilterra, cioè verso le sue posizioni e forze navali in porto ed in navigazione nel Mediterraneo. Come previdi il 26 maggio 1939, guerra aereo-marittima su tutte le frontiere.

Questo ho confermato all'Eccellenza Graziani l'altro giorno, quando mi metteva sott'occhio la situazione dell'Esercito. Considero questa situazione non ideale, ma soddisfacente.

D'altra parte se tardassimo due settimane od un mese, non miglioreremmo la nostra situazione, mentre potremmo dare alla Germania l'impressione di arrivare a cose fatte, quando il rischio è minimo, oltre alla considerazione non essere nel nostro costume morale colpire un uomo che sta per cadere. Tutto ciò infine può essere grave nel momento della pace definitiva.

Per quel che riguarda la situazione del popolo italiano, di cui bisogna tener conto, dico: il popolo italiano, sino al 1 di maggio, temeva di andate in guerra troppo presto e tendeva ad .allontanare questa eventualità. Ciò è comprensibile.

Ora due sentimenti agitano il popolo italiano: primo, il timore di arrivare troppo tardi in una situazione che svaluti il nostro intervento; secondo, in un certo stimolo all'emulazione, di potersi lanciare col paracadute, sparare contro i carri armati, ecc. Questa è una cosa che ci fa piacere, perché dimostra che la stoffa della quale è formato il popolo italiano è soda.

Fatta questa premessa, da oggi nasce l'Alto Comando, che, *de jure,* sarà reso noto quando la Maestà del Re mi darà il documento che affida a me il Comando delle Forze Armate.

Il mio Capo di Stato Maggiore è il maresciallo Badoglio. Io do a lui le direttive, che saranno applicate sul terreno esecutivo attraverso i tre Capi di Stato Maggiore dell'Esercito, della Marina e dell'Aeronautica.

Così la cosa è definita. Resta tuttavia un punto che può essere oggetto di chiarimento, ed è questo: tanto il generale Pricolo, che l'ammiraglio Cavagnari ricoprono le due cariche di sottosegretario di Stato e di Capo di Stato Maggiore.

Ora mi domando se, per avventura, queste due cariche non debbano essere sdoppiate per creare una situazione analoga a quella dell'Esercito.

Aggiungo che l'alto Comando non avrà che funzioni operative. Sarà ridotto all'essenziale, perché non bisogna creare dei ministeri numero due.

L'Alto Comando è formato da un gruppo di uomini che hanno compiti operativi; tutto il resto dell'amministrazione non riguarda questi uomini che devono dirigere Forze Armate.

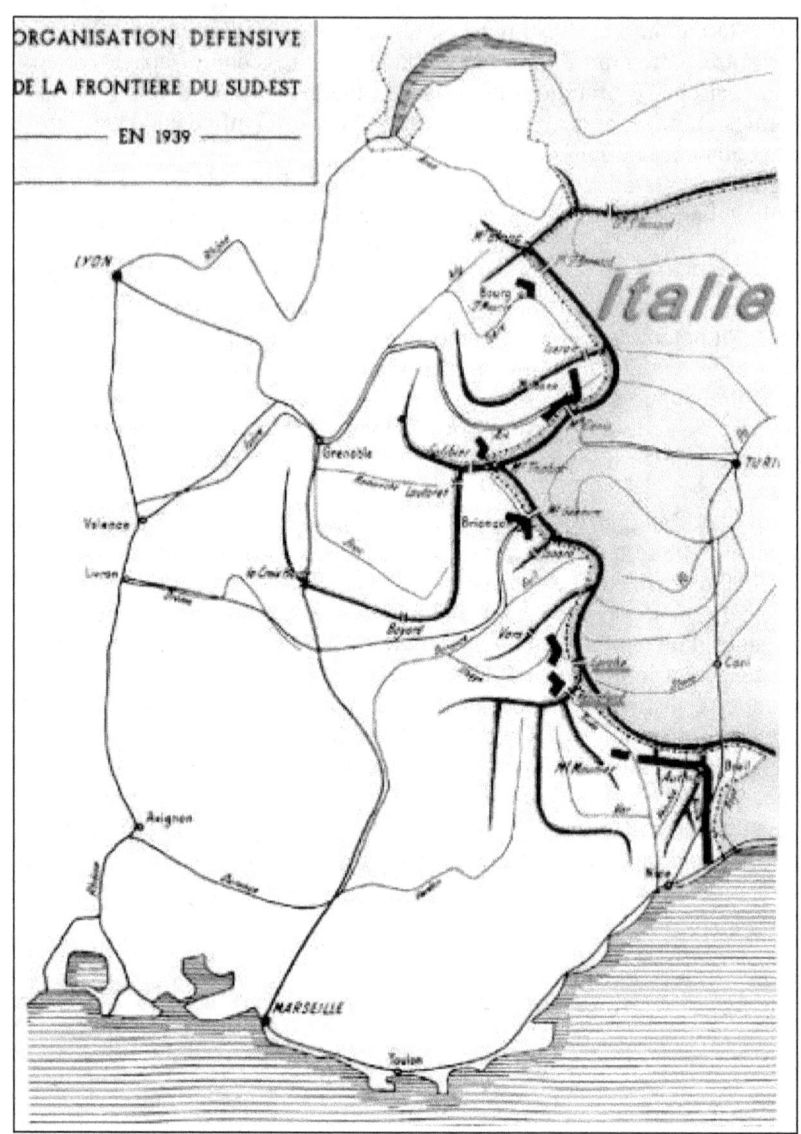
Il sistema difensivo francese alla vigilia delle ostilità
(da Labadie, Boucard, Auzet 2010)

# L'ENTRATA IN GUERRA DELL'ITALIA E L' INIZIO DELLE OSTILITA'

Nel giugno 1940 l'*Armée des Alpes* del gen. Orly contava 175.000 uomini, di cui 85.000 alla frontiera; erano soprattutto le guarnigioni delle fortificazioni, il che dà un'idea delle loro dimensioni, oltre 86 *Sections éclaireurs skieurs*, reparti di 35-40 uomini ben addestrati alla guerra in montagna, distaccati dai battaglioni di Chasseurs des Alpes trasferiti a nord.

Secondole direttive strategiche, che risalivano al promemoria segretissimo n. 328, del 31 marzo 1940, le forze italiane alla frontiera francese dopo la dichiarazione di guerra dovevano mantenere un *contegno assolutamente difensivo, sia in terra che in aria.*

Con nota del 7 Giugno 1940 , n. 28/OP (cioè quattro giorni prima dell'entrata in guerra) lo Stato Maggiore Generale trasmise le seguenti direttive in vista dell'apertura delle ostilità contro la Francia, che seguivano le direttive date dal Duce il 29 maggio

> ...Per conferma di ciò che è stato comunicato alla riunione dei capi di Stato Maggiore, tenutasi il 5 del corrente mese, ripeto che l'idea precisa del Duce è la seguente: mantenersi assolutamente in posizione soltanto difensiva nei confronti della Francia (Alpi-Corsica-Tunisia-Gibuti), sia esso in terra che in aria.
>
> IN MARE:
>
> – se si s'incontrano forze francesi mescolate a forze inglesi, verranno tutte considerate come forze nemiche da attaccare
> –se si incontrano solamente forze francesi, ci si baserà sul loro comportamento, senza essere noi i primi ad attaccare, a meno che ciò non ci metta in condizioni sfavorevoli (3) "
> –

La sera della dichiarazione di guerra, 10 Giugno, non avendo lo Stato Maggiore Generale modificato le sue direttive, lo Stato Maggiore della Regia Aeronautica trasmetteva ai comandi delle grandi unità l'ordine operativo N° 1 che prescriveva in particolare di:

> ...Soprassedere fino a nuovo ordine a qualsiasi azione offensiva; eseguire dall'alba del giorno 11, senza sorvolare il territorio francese, delle ricognizioni aeree nelle principali basi navali della Provenza, della Corsica, della Tunisia e dell'Algeria, per rilevare l'importanza e gli eventuali movimenti della flotta avversaria; eseguire con l'ausilio di pattuglie caccia voli di sorveglianza e di protezione, mantenendosi sul territorio nazionale ad una distanza non inferiore a 10 kilometri dalla frontiera

Come ricorda ancora Giorgio Rochat, *i francesi sentirono l'intervento italiano come una pugnalata nella schiena, non a torto, ma le truppe italiane iniziarono la guerra con l'ordine di sparare soltanto se attaccate e di presidiare i fondovalle.*

Le truppe non dovevano muovere verso il confine, le pattuglie avanzate potevano rispondere al fuoco francese, ma non sparare per prime; raro esempio di guerra d'aggressione!.

Ordini che furono mantenuti anche dopo i bombardamenti dell'aviazione inglese su Torino nella notte tra l'11 e il 12 giugno e della flotta francese su Genova e altre località della costa ligure il 14 giugno, grossi successi mediatici.

I primi giorni di guerra sulle Alpi furono quindi incruenti, soltanto scontri di pattuglie.

Giorgio Rochat ha dato un quadro, forse accentuato dall'acidula pregiudiziale antifascista dello storico piemontese, ma non troppo lontano dal vero, della caotica situazione del comando italiano:

> La catena di comando italiana aveva aspetti tragicomici, un mucchio di generali in competizione. Comandante del gruppo armate ovest era il principe Umberto, l'erede del trono, una figura evanescente dimenticata da tutti.
>
> Il maresciallo Graziani, capo di stato maggiore dell'esercito, si precipitò in Piemonte per dirigere le operazioni, seguito dal gen. Soddu, sottosegretario del ministero della Guerra (ministro era sempre Mussolini), che, non potendo reclamare compiti di comando, si presentò come "*il telefonista del duce*".
>
> In realtà le decisioni erano prese a Roma da Mussolini, con qualche freno posto dal maresciallo Badoglio, capo di Stato maggiore generale messo in disparte, incredibili ritardi di trasmissione e un buon contributo di confusione del gen. Roatta, il vice di Graziani rimasto a dirigere lo Stato maggiore dell'esercito, che il 17 giugno dava ordini che non gli competevano: "*Stare alle calcagna del nemico. Audaci. Osare. Precipitarsi contro*", subito contraddetto dal suo capo Graziani: "*Le ostilità con la Francia sono sospese*"[3].

Rinviato un primo bombardamento sulle coste italiane che avrebbe dovuto essere effettuato da un contingente aeronavale franco-britannico nella notte tra l'11 e il 12 giugno, la sera del 13 venne bombardata una prima volta la costa dell'estremo Ponente ligure, mentre il 14 una squadra navale francese bombardò alcuni stabilimenti industriali di Savona e Vado Ligure.

Alle ore 21 del 13 lasciarono la rada di Tolone le navi della 3ª Squadra navale francese, comandate dall'ammiraglio Émile Duplat e dirette verso gli stabilimenti industriali di Genova e Savona.

La formazione francese era divisa in tre gruppi:

Primo gruppo, diretto verso i depositi di carburante di Vado Ligure e le zone industriali di Savona, composto da:

Incrociatore pesante *Algérie*
Incrociatore pesante *Foch*
sei cacciatorpediniere;

---

[3] G. Rochat (trad. A, Pilloud), "*La campagne italienne de juin 1940 dans les Alpes occidentales*" Revue Historique des armées, n. 250, 2008..

Secondo gruppo diretto verso Genova con le seguenti unità:
Incrociatore pesante *Dupleix*
Incrociatore pesante *Colbert*
due cacciatorpediniere;

Terzo gruppo con funzione di protezione degli altri due gruppi, con i sommergibili mandati verso sud ad ostacolare un eventuale intervento della Regia Marina, che si posero all'agguato fra La Spezia e Genova. composto da:
tre cacciatorpediniere
quattro sommergibili.

I quattro incrociatori da 10.000 tonnellate della classe *Foch*, erano armati ognuno con 8 pezzi da 203, e gli 11 grandi caccia da 2700 tonnellate, erano armati con pezzi da 138, preceduti da cinque sommergibili
Alle 4.30 del 14 giugno il primo gruppo aprì il fuoco sui depositi di carburante di Vado.
La reazione italiana fu pronta ma inefficace: aprirono il fuoco la batteria di Capo Vado e il treno armato T.A. 120/3/S della Regia Marina con sede ad Albisola, che esplose 93 colpi con i suoi quattro pezzi da 120/45, ma nessuno degli attaccanti venne colpito, anzi la batteria fu presa di mira dal cacciatorpediniere *Aigle* che, con i suoi pezzi da 138/40, colpisce la batteria e il faro di Capo Vado. Solo l'intervento della XIII flottiglia MAS, con i *Mas 534–535 e 538–539*, compie un'azione decisiva.
I Mas attaccarono i cacciatorpediniere francesi al largo di Bergeggi, con il lancio di sei siluri: l'incrociatore *Foch* manovrò per evitare, i cacciatorpediniere reagirono e i Mas si allontanarono senza aver causato alcun danno; il *MAS 535* e il *534*, colpiti da schegge di granata, lamentarono anzi alcuni feriti a bordo, ma erano riusciti a far ripiegare il nemico. .
La seconda formazione iniziò invece la sua azione contro il tratto di costa fra Arenzano e Sestri Ponente. Qui la Batteria *Mameli* aprì il fuoco e sparò 54 colpi con le sue artiglieria da 152, colpendo il cacciatorpediniere *Albatros* nel locale caldaie di poppa e causando 12 morti. Aprirono il fuoco anche i due pontoni armati GM-194 (ex *Faà di Bruno*) e GM-269. Il primo, ormeggiato a Sampierdarena, sparò due colpi con la sua torre binata da 381/40, mentre il secondo spara un solo colpo da 190 mm, mentre mosse all'attacco una vecchia torpediniera, il *Calatafimi*, sorpresa mentre scortava un posamine davanti a Capo Arenzano, il cui comandante, tenente di vascello Giuseppe Brignole tentò l'attacco laterale contro i francesi:

> Date le condizioni atmosferiche speravo di non essere scorto dal nemico e di poter lanciare i siluri alla distanza minima

.La foschia, la luce aiutarono il *Calatafimi* che converse per cinque buoni minuti in direzione dell'avversario senza essere avvistata. Il caccia lancia i siluri alla distanza di 3000 metri; il comandante Brignole ebbe l'impressione di aver colpito il caccia francese *Albatros*. L'ultimo lancio del *Calatafimi* non ebbe risultato: uno dei tubi non era in condizione di funzionare, dall'altro il siluro non uscì e rimase metà fuori e metà

dentro, ma l'intervento del *Calatafimi* costrinse i francesi a ritirarsi, per essere poi vanamente inseguiti da uno stormo di velivoli della Regia Areonautica .
Brignole venne decorato con la Medaglia d'oro al valor militare con la motivazione:

> Comandante di torpediniera di scorta ad un posamine, avvistata una formazione di numerosi incrociatori e siluranti nemici che si dirigevano per azione di bombardamento di importanti centri costieri, ordinava al posamine di prendere il ridosso della costa ed attaccava l'avversario affrontando decisamente la palese impari lotta. Fatto segno ad intensa reazione, manovrava con serenità e perizia attaccando fino a breve distanza con il siluro e con il cannone le unità nemiche. La sua azione decisa ed i danni subiti dalle forze navali avversarie costringevano queste a ritirarsi. Esempio di sereno ardimento, di sprezzo del pericolo, di consapevole spirito di assoluta dedizione alla Patria.
> Mare Ligure, 14 giugno 1940.

I danni furono modesti: 32 colpi da 203 avevano centrato la Monteponi di Vado e causato 9 morti e 36 feriti; scarsi i danni a Genova, niente di serio a Cairo Montenotte, bombardata da 9 aerei francesi; tuttavia l'azione dimostrò le lacune della Regia Marina, nonostante il coraggio dimostrato dai Mas e dalla *Calatafimi*, e soprattuto della Regia Aeronautica che causa mancanza qualsiasi attività di ricognizione permise ai francesi di avvicinarsi indisturbati alla costa. Successivamente intervenuta non riuscì ad intercettare la stessa sulla via del ritorno. Le batterie costiere dimostrarono da parte loro la limitatezza dei loro calibri contro un bombardamento navale. Da parte loro i francesi avevano dimostrata scarsa combattività e la tendenza a ritirarsi di fronte agli italiani,evidentemente piuttosto temuti, fossero pure due MAS o una vecchia torpediniera, malgrado la superiorità in numero e in armamento.
Il giorno dopo fu la volta di Genova. Per rappresaglia gli italiani a loro volta bombardarono la Corsica e la Costa Azzurra, come ricorda Ciano che, tenente colonnello pilota, partecipò alle azioni:

> 15 GIUGNO – Volo sino a Nizza per cercare le navi francesi che hanno bombardato Genova. Tempo pessimo, navigazione pericolosa. Rientro dopo due ore senza avere avvistato il nemico.
>
> 16 GIUGNO – Bombardamento di Calvi.

Sul confine italo- francese, tra Mentone e Ventimiglia, dopo le esplosioni con cui, nella notte fra il 10 e l'11 giugno, i francesi avevano fatto brillare alcune opere stradali e ferroviarie in Val Roia e nel mentonasco, un lugubre silenzio era sceso su tutta la zona verso la quale, frattanto, affluivano truppe e materiale bellico.
Fu quella che i francesi definirono la *drôle de guerre* la strana guerra in cui entrambi gli eserciti che si fronteggiavano in armi, avevano ricevuto l'ordine di limitarsi a rispondere agli attacchi avversari; anzi, qualche mese prima dell'inizio del conflitto si diceva che una Commissione francese avesse fatto otturare la parte superiore delle feritoie del forte di Cap Martin, in modo che le bocche da fuoco potessero disporre

di un alzo utile a colpire il nemico soltanto nell'eventualità che esso fosse penetrato in territorio francese.

La consistenza e la disposizione delle opposte forze in campo fra Ventimiglia e Mentone era la seguente: da parte francese esisteva lungo il confine, fra il Col di Cuore e il mare, una linea di avamposti fortificati in cemento armato muniti di cannoni leggeri e mitragliatrici pesanti nelle località di Scuvion, Pierre Pointue, Chapelle Saint Bernard, Colletta Collet de Pillon e Pont St. Louis.

Dinnanzi a questa linea di avamposti, e negli intervalli, erano scaglionate sei piccole unità di sorveglianza, le SES (*Section Eclaireurs-Skieur*) rispettivamente dei $76^{eme}$, $86^{eme}$, $96^{eme}$ *Bataillons Alpins de Fortresse* (BAF) e dei $20^{eme}$, $25^{eme}$, $49^{eme}$ *Bataillons de Chasseurs des Alpes*

Alle spalle della prima linea difensiva lo schieramento era rinforzato dalle unità mobili del $96^{eme}$ BAF e dal 1er CIF (*Centre d'Istruction de Fortresse*) e protetto dal formidabile fortilizio di Mont Agel, che rappresentava la punta di diamante del *Secteur Fortifié des Alpes Maritimes* (SFAM).

Da parte italiana, dal Grammondo al mare, era schierata la Divisione *Cosseria*, di cui facevano parte l'89° e il 90° reggimento. fanteria mentre dal Grammondo al Passo Cuore, era disposta la Divisione *Modena*, di cui facevano parte il 41°e il 42° Reggimento. Fanteria, appartenenti al XV Corpo d'Armata (generale Gastone Gambara).

Quattro battaglioni d'assalto di Camicie Nere, il XXXIII (Imperia), LXXXI (Lucca), il XXXIV (Savona) e il XXXVI (Genova), intervallavano i reggimenti di fanteria in sostituzione del terzo reggimento abolito con la riforma Pariani, insieme a cinque raggruppamenti di artiglieria.

In seconda schiera, sulla riva destra del Roia, era disposta la Divisione *Cremona*, mentre nella zona di Vallecrosia - Bordighera sostava, in attesa di ordini, la Divisione *Cacciatori delle Alpi.*

Dallo schieramento della forza in campo risultava una netta superiorità numerica da parte italiana, ma dal canto loro, i francesi allineavano artiglierie certamente superiori per gittata e volume di fuoco, annidate in un sistema difensivo praticamente invalicabile, tanto da essere considerata la *Maginot des Alpes*.

All'alba dello stesso giorno alcuni battaglioni del XV Corpo d'Armata italiano sferrarono una serie di assalti contro le postazioni francesi dislocate lungo il confine della zona di Mentone dal colle Treitore, a nord del Monte Grammondo, al mare. L'attacco, sostenuto in particolare dall'89° reggimento di fanteria e dal XXXIV battaglione di Camicie Nere, venne tuttavia respinto con successo dagli *Chasseurs des Alpes*.

Tra il 15 e il 16 giugno gli italiani tornarono nuovamente all'assalto in Val Roia, dove penetrarono in regione Campbell-Lugo, mentre reparti del XV Corpo d'Armata si impossessavano di Cima d'Anan, del Pilon, della Côte de l'Ane e delle Granges de Zuaine, spingendosi poi a est di Fontan e nella zona del Passo di Cuore, ma già poche ore dopo i francesi avevano completamente rioccupato il territorio conquistato momentaneamente dalle truppe italiane.

Alktrove la situazione era perfettamente tranquilla, come scrive Curzio Malaparte, richiamato col grado di capitano del 5° Alpini, in una delle sue corrispondenze per *Tempo- Il giornale del soldato*, poi raccolte dopo la guerra col titolo *Il sole è cieco*:

> Come va, ragazzi? dice il Capitano ai minatori neri di carbone che escono dala miniera spegnendo le loro lampade. Eh, come dovrebbe andare, signor Capitano? E uno di loro chiede se è vero che da Traversette e dalle Lance- Branlette i francesi possono tirare sull'ingresso della miniera. Il Capitano risponde: perché dovrebbero tirare? Ridono tutti levando la testa verso la cresta delle Terres Noires dove gli alpini del 4° e gli *chasseurs* francesi sono seduti nella neve a guardarsi da lontano, il fucile tra le ginocchia.
> Sono già tre giorni che c'è la guerra, e non un colpo di cannone, nemmeno una fucilata. Sì, è vietato sparare e presso la casetta del comando, nella Sapinière, inchiodato al tronco di un abete vicino alla cucina dei soldati delle salmerie, c'è un cartello con scritto sopra: *Soldati, è vietato divertirsi con le armi*.

Il 17 giugno Roatta da Roma dava ordini tassativi che non gli competevano:

> Stare alla calcagna del nemico. Audaci. Osare. Precipitarsi contro

contraddetto poche ore più tardi dal suo diretto superiore, il Maresciallo Graziani, Capo di stato Maggiore del regio Esercito:

> Le ostilità con la Francia sono sospese.

E' facile immaginare come questa situazione creasse sconcerto tra i comandi al fronte! Come ha scritto il generale Stefani nel suo fondamentale *Storia della dottrina e degli ordinamenti dell'esercito italiano*[4]:

> La serie di comunicazioni epistolari, telegrafiche e verbali, tardive e contraddittorie, gli ordini, i contrordini e i contrordini dei contrordini, succedutisi nei primi giorni delle ostilità alla vigilia dell'inizio dell'offensiva, produssero, negli alti comandi operativi ed in quelli di livello inferiore, tale e tanta confusione concettuale, psicologica e organizzativa da indebolire ulteriormente le probabilità di riuscita di un'offensiva che venne sferrata malvolentieri e solo perché imposta da Mussolini.

Nel corso della stessa giornata Hitler chiese al Duce un incontro urgente per comunicargli che il gverno francese aveva chiesto l'armistizio; Ciano ne venne informato a Pisa, mentre rientrava da un'azione di bombardamento sulla Corsica.

> 17 GIUGNO – Bombardamento di Borgo, aeroporto di Bastia. Tiro efficace: anche la reazione francese è attiva e precisa. Rientrando al campo mi viene comunicato che Reynaud è caduto e che al suo posto è ormai Pétain. È la pace. Infatti telefona Anfuso di rientrare subito a Roma per partire in serata per Monaco. I francesi hanno chiesto

---

[4] *Storia della dottrina e degli ordinamenti dell'esercito italiano*, II. *La seconda guerra mondiale* 1940- 1943, tomo 2°Roma 1985

l'armistizio e Hitler, prima di dettare le condizioni, vuole conferire col Duce. Trovo Mussolini scontento. Questo improvviso scoppio di pace lo turba. Durante il viaggio parliamo a lungo per precisare a quali condizioni dovrà essere concesso l'armistizio ai francesi. Il Duce è estremista: vorrebbe procedere all'occupazione totale del territorio francese e pretende la consegna della flotta. Ma si rende conto che il suo parere ha un valore consultivo: la guerra è stata vinta da Hitler, senza un concorso militare attivo dell'Italia, ed è Hitler che avrà la parola. Ciò – naturalmente – lo turba e lo rattrista. Le sue riflessioni sul popolo italiano e soprattutto sulle nostre forze armate sono stasera di una estrema amarezza.

Nell'incontro tra Hitler e Mussolini a Monaco il 18 giugno venne stabilito che l'Italia avrebbe ottenuto soltanto i territori francesi che fosse riuscita a occupare prima della conclusione imminente dell'armistizio. Hitler dichiarò al Duce che l'armistizio franco-tedesco sarebbe entrato in vigore soltanto dopo la firma di quello franco-italiano. Il Duce cominciò a sentirsi in secondo piano rispetto al vittorioso alleato germanico, comprendendo come l'Italia fosse sulla scena internazionale ormai un passo indietro rispetto alla Germania.
Nel pomeriggio del 18 giugno presenti il ministro degli esteri Joachim von Ribbentrop e il Feldmaresciallo Wilhelm Keitel, a capo dell' *Oberkommando der Wehrmacht*
Mussolini, il conte Ciano ministro degli esteri e il generale Mario Roatta, sottocapo di stato maggiore dell'esercito, la delegazione italiana presentò ai tedeschi un promemoria inteso a stabilire a grandi linee il punto di vista italiano sulle condizioni d'armistizio con la Francia, nel quale si richiedeva:

1) Smobilitazione dell'Esercito in tutti i teatri d'operazione sino ai suoi organici di pace.
2) Consegna di tutto l'armamento collettivo.
3) Occupazione (per quanto riguarda l'Italia) sino alla linea del Rodano. Teste di ponte a Lione, Valenza e Avignone. Occupazione della Corsica, Tunisia e Somalia francese.
4) Facoltà di occupare in qualunque momento tutti i punti strategici e gli impianti esistenti in Francia, nei territori dell'Impero, coloniali e sottoposti a mandato, ritenuti necessari per rendere possibili le operazioni militari o per mantenere l'ordine.
5) Occupazione delle basi militari marittime di Algeri, Orano (Mers el-Kébir), Casablanca. Neutralizzazione e facoltà di occupare Beirut.
6) Consegna immediata della flotta.
7) Consegna immediata della flotta aerea.
8) Consegna del materiale ferroviario che si trova, all'atto della conclusione dell'armistizio, nel territorio occupato.
9) Obbligo di non procedere a distruzioni o danneggiamenti degli impianti fissi o mobili esistenti nei territori contemplati dalle precedenti clausole, e lasciarvi tutti gli approvvigionamenti disponibili.
10) Denuncia dell'alleanza con la Gran Bretagna. Immediato allontanamento delle forze inglesi operanti in territori metropolitani o coloniali francesi. Disarmo e scioglimento delle formazioni militari straniere operanti in Francia.

Hitler approvò le richieste italiane riguardanti le occupazioni di territorio francese, mentre per la consegna della flotta i tedeschi sollevarono l'obiezione che i francesi si sarebbero rifiutati e avrebbero preferito farla passare sotto bandiera britannica, con conseguenze disastrose. Ovviamente, sulla flotta Mussolini aveva pienamente ragione: con le navi francesi in mano all'Asse la battaglia del Mediterraneo, e quindi la guerra con la Gran Bretagna sarebbe stata vinta; così come con l'occupazione del Nord Africa francese si sarebbe risolta la questione dei convogli per l'Africa: Hitler se ne convinse solamente dopo lo sbarco anglo-americano in Nord Africa a fine 1942, ma sarebbe stato troppo tardi.

Scrive Galeazzo Ciano a proposito dell'incontro tra i due dittatori.

> 18-19 GIUGNO – Lungo la linea ferroviaria le accoglienze germaniche sono molto calorose.
> Monaco, incontro con Hitler e Ribbentrop. Il Duce e il Führer si chiudono a colloquio. Ribbentrop ed io rimaniamo insieme. Trovo un Ribbentrop inconsueto: misurato, sereno, pacifista. Dice subito che conviene fare condizioni moderate di armistizio alla Francia, soprattutto per quanto concerne la flotta, e ciò per evitare un congiungimento della flotta francese a quella inglese. Dalle parole di Ribbentrop sento che anche nei confronti dell'Inghilterra la stimmung è cambiata: se Londra vuole la guerra, sarà la guerra totale, assoluta, spietata. Ma Hitler fa molte riserve sull'opportunità di demolire l'Impero Britannico, che considera ancora oggi un grosso fattore d'equilibrio nel mondo. Faccio a Ribbentrop una domanda precisa: "Preferite la prosecuzione della guerra o la pace?". Non esita un momento: "La pace". Accenna a vaghi contatti tra Londra e Berlino tramite Svezia. Parlo dei nostri desiderata nei confronti della Francia. Trovo in massima comprensione, ma Ribbentrop non vuole spingere troppo oltre la conversazione perché non sa ancora quali siano le idee precise di Hitler. Dice solo che c'è un progetto tedesco di radunare gli ebrei al Madagascar. Poi il colloquio prosegue con Hitler, Mussolini e i militari. Si fissano in massima le condizioni di armistizio con la Francia.
> Mussolini si mostra più intransigente per la flotta. Hitler vuole invece ad ogni costo evitare una sedizione della marina francese in favore degli inglesi. Da tutto quanto egli dice, traspare il desiderio di far presto a concludere. Hitler è ormai il giocatore che ha fatto un colpo gobbo: vuole alzarsi dal tavolo e non rischiare più oltre. Oggi parla con una misura ed una perspicacia che, dopo una vittoria come la sua, veramente sorprendono. Non sono sospetto di eccessive tenerezze per lui, ma oggi veramente lo ammiro.
> Mussolini è notevolmente impacciato. Sente che il suo ruolo è di seconda grandezza. Mi riferisce il colloquio con Hitler, non senza qualche punta di amarezza e di ironia e conclude dicendo che il popolo tedesco ha già in sé i germi del collasso perché verrà un formidabile urto interno che spezzerà tutto. In realtà il Duce teme che l'ora della pace si approssimi e vede svanire ancora una volta quello che è stato l'inafferrabile sogno della sua vita: la gloria sui campi di battaglia.

**Umberto di Savoia, comandante del Gruppo di Armate Ovest con Achille Starace, Capo di Stato Maggiore della M.V.S.N.**

**Il generale René Olry, comandante l'*Armee des Alpes* nel 1940**

EDITION DE LA MONTAGNE     Mardi 11 Juin 1940 — N° 163

# L'ÉCLAIREUR
## DE NICE ET DU SUD-EST

### LE COUP DE POIGNARD DANS LE DOS !

## L'Italie entre en guerre aux côtés des Barbares contre ses anciennes alliées

M. Paul Reynaud annonçant la nouvelle à la France, s'est écrié :

" M. Mussolini choisit l'heure où la France blessée, mais vaillante et debout, lutte contre l'hégémonie de l'Allemagne pour nous déclarer la guerre ! La France n'a rien à dire, mais le Monde qui nous regarde jugera. "

La décision de l'Italie est prise : elle se range aux côtés de cette Allemagne contre laquelle, il y a vingt-cinq ans, Benito Mussolini soulevait ses compatriotes.
Aujourd'hui, sans raisons valables, celui qui s'est fait appeler le Duce, déclare la guerre à la France et à la Grande-Bretagne, ses alliées d'hier.
Il le fait dans le moment que les armées françaises sont aux prises avec un ennemi implacable dont elles déciment les divisions dans une lutte décisive sur leur propre sol.
L'Histoire jugera et l'acte et le moment dans lequel il a été décidé. Elle dira qu'il est la pire des lâchetés.
Pour nous, qui avons toujours considéré qu'une union des peuples latins pouvait être puissante et féconde, nous enregistrons la nouvelle avec tristesse. Mais sans crainte. Les Alpes sont gardées, et bien gardées. La flotte alliée domine la Méditerranée. Mussolini a entraîné son peuple dans une aventure où il a tout à perdre.
Ayons confiance ! Et à nos concitoyens, nous disons : courage et calme !

L'ÉCLAIREUR DE NICE ET DU SUD-EST.

L'annuncio dell'entrata in guerra italiana sulla stampa francese della Costa Azurra.

*Eclaireurs Skieurs* in pattuglia, giugno 1940

**Mortaisti francesi con un mortaio 'Brandt' da 60mm.**

Accampamento degli *Eclaireus Skieurs* in alta montagna (sopra).
Gli artiglieri del 154° R.a.p. durante la festa reggimentale nel 1939. Al centro, alto con gli occhiali it Tenente Miguet, comandante della 6a batteria, il distruttore dello Chaberton (sotto)

*Chasseurs des Alpes* con mitragliatrice FM 24/29

Un reparto di fanteria francese in Provenza

*Chasseurs des Alpes* a Modane alla vigilia del conflitto con l'Italia.

Pezzo da 105 m.1913 del 2eme *groupe* del, 114eme RAM sullo Chatelard, (Ubaye).

Artiglieri del 93e RAM con pezzo da montagna da 75 m. 1928

Gli *sapeurs- mineurs* interrompono le comunicazioni sul col de Larche, giugno 1940

Rochouze a Larch (Ubaye); artiglieri del 293e RALD posano con armi abbandonate dagli alpini dell' 11 reggimento della div. *Pusteria* sotto il bombardamento d'artiglieria il 21 giugno 1940

**I difensori dell'*avant post* di Pont St Louis a Mentone: da sin. *alpins* Guzzi, Cordier, Gapon, serg. Bourgoin, s.lt. Gros, c. Robert, *alpins* Chazarin, Petrillo e Lieutaud (76ᵉ BAF). Il fortino venne espugnato dalle Camicie Nere del LXXXVI *Lucca*.**

**Caccia Dewoitine D520 del GC III/6 nel 1940.**

# 21 GIUGNO:
## L'OFFENSIVA ITALIANA.

Al termine della conferenza di monaco, nel viaggio di rientro in treno in Italia, Galeazzo Ciano, parlando con il generale Mario Roatta, Sottocapo di Stato Maggiore dell'Esercito, sostenne che l'Italia in sede di trattative di pace avrebbe chiesto:

> Nizzardo (non la Savoja che è oltre crinale alpino, e francese)
> – Corsica
> – Tunisia e Algeria
> – Gibuti e Somalia inglese
> – Raccordo fra Libia e Impero
> – Neutralizzazione delle due sponde dello stretto di Gibilterra (di Malta il DUCE non ha parlato né in un senso né nell'altro). L'Egitto dovrebbe sostituire l'alleanza con l'Inghilterra quella con l'Italia: Quest'ultima avrebbe così uno sbocco oceanico attraverso il Mar Rosso e l'Oceano Indiano.

Ciano, ritornando alle condizioni di armistizio con la Francia, affermò che il Duce, analogamente a quanto volevano i tedeschi con la frontiera della Spagna, voleva l'occupazione di una striscia di territorio oltre il Rodano, per poter disporre di una ferrovia sino alla frontiera spagnola. Roatta, parlando con Mussolini, lo mise al corrente di quanto aveva concordato in un colloquio con il generale von Keitel, circa la collaborazione italiana all'ala sinistra germanica verso Chambery –Grenoble. *Il Duce approva*[5]
Rientrato a Roma dopo il *vis à vis* con Hitler, Mussolini diede perciò ordine di condurre forti attacchi alla frontiera, ma appena giunto nella capitale il Duce riprese a dare ordini contrastanti: a Monaco si era deciso di comune accordo di aviotrasportare a Lione truppe italiane per l'occupazione della valle del Rodano, ma dopo nove ore dalla decisione, Mussolini ebbe un ripensamento; era evidente che quella occupazione tenuta a balia dai tedeschi sarebbe stata una vergogna, e telefonò a Hitler per comunicargli che non vi avrebbe partecipato. Il duce era ora deciso ad attaccare su tutto il fronte per prendersi con le proprie forze più terreno possibile, salvo poi avere un ripensamento e quindi cambiare nuovamente idea il 20 giugno, quando i tedeschi fecero sapere di essere pronti a muoversi verso Chambéry e Grenoble non appena avessero ricevuto notizie dagli alleati.
Nel pomeriggio di quello stesso giorno Mussolini ricevette i Marescialli Badoglio e Graziani: mentre il primo riteneva inutile un attacco sulle Alpi, il secondo si espresse favorevolmente ad un'azione generale lungo tutta la frontiera, ritenendo che i tedeschi fossero già nei pressi di Grenoble, anche se in realtà erano solo a Lione.
Il parere di Graziani indusse il Duce ad ordinare l'attacco per la mattina successiva; Mussolini affermò a un riluttante Badoglio: *Non voglio subire l'onta che i tedeschi occupino e poi ci consegnino il Nizzardo.*

---
[5]F. Mattesini, "Un episodio della battaglia delle Alpi", pp.7-8.

Il Maresciallo d'Italia Rodolfo Graziani, Capo dello Stato Maggiore Generale, scrisse, di suo pugno, al Capo di Stato Maggiore Generale, maresciallo Badoglio, quanto segue:

1°) La situazione determinatasi al fronte occidentale con il raggiungimento del Confine Svizzero da parte delle Armate Germaniche pone la forze Alleate in condizioni favorevolissime per lo svolgimento di una manovra concorrente per far cadere l'intero schieramento Alpino Francese. Germanici – da Nord verso il mare per la Valle del Rodano. Italiani – con sbocco sulle Alpi Occidentali sull'intero fronte dal Piccolo San Bernardo al mare.

2°) S.E. Roatta a pag. 10 della sua Relazione inviatami in copia così si esprime: "Collaborazione operativa Italo-Tedesca. Von Keitel ha dichiarato che, appena giunta notizia del passo Francese presso Franco, egli ha dato ordine alle truppe Germaniche di continuare a combattere ed ovunque con la più grande decisione, allo scopo di guadagnare prima dell'armistizio il maggior terreno possibile, e di mettere fuori causa quanto più possibile di unità avversarie.

Questi ordini vengono mantenuti sino al momento che verrà fissato dalla eventuale convenzione di armistizio per la cessazione delle ostilità. Mi ha chiesto quando saremo pronti ad avanzare.

Ho risposto che stiamo già procedendo a diverse occupazioni oltre frontiera per migliorare le nostre condizioni di sbocco offensivo e che fra tre – quattro giorni saremo pronti ad attaccare.

Ho indicato le note direttrici principali (Piccolo San Bernardo – Maddalena – Cornice). Il Generale mi ha chiesto come le truppe tedesche potrebbero meglio aiutarci, quando, presso a poco nello stesso momento, liquidate le note sacche, riprenderemo decisamente con l'ala sinistra il movimento verso Sud. Ho proposto, segnandolo sulla carta del Generale, che mi ha detto quanto segue: -
Dirigere una colonna corazzata su Chambery – Saint Pierre d'Albigny. - Dirigere contemporaneamente una colonna alla destra della precedente su Grenoble.
(E' evidente l'effetto che possono avere tali puntate sulle truppe Francesi delle Valli Isére – Arc – e Alta Durance).
Il Generale Von Keitel ha personalmente promesso di dare ordini in tal senso, e di fare avvertire tempestivamente della data di esecuzione lo Stato Maggiore Italiano".

3°) Da parte mia mi associo al concetto formulato dall'Ecc. Roatta, del quale si era già genericamente discusso prima della sua partenza; e non cambio l'ipotesi di una maggiore estensione del movimento Germanico verso Sud, se necessario. Detto movimento, in unione al nostro attacco, influirà sulla caduta dello schieramento Francese dal San Bernardo a Briançon – Sul rimanente fronte, fino al mare, essa sarà completata dalla nostra azione offensiva totalitaria.

4°) le disposizioni ordinate dallo S.M. dell'Esercito con l'ordine di operazione N. 1926 del g. 17 Giugno che si unisce in copia, sono in via di completamento e ritengo che per il g. 23 il dispositivo di attacco possa dirsi a punto.

In conseguenza di quanto sopra, questa sera mi trasferirò in zona di operazioni, ove rimarrò in attesa d'ordini

IL CAPO DI S:M: DELL'ESERCITO R. GRAZIANI[6]

---

[6] ASMEUS, Lettera n.0 p. del 20 giugno 1940. Citata in Mattesini 2020, pp. 99-10

Le due armate, che avevano ricevuto l'ordine di prepararsi alle tre offensive solo nel pomeriggio del 19, alle ore 19:00 del 20 giugno ricevettero il fonogramma 2329:

> Domani 21, iniziando azione ore 3, IV e I armata attacchino a fondo su tutta la fronte. Scopo: penetrare il più profondamente possibile in territorio francese.

Mussolini venne nuovamente colto dai dubbi e in serata diede l'ordine di sospendere l'offensiva decisa per l'indomani, salvo poi dover rendersi conto che ormai anche i tedeschi erano in movimento; Mussolini confermò nuovamente l'attacco con la modificazione che il 21 avrebbe solo operato la 4ª Armata, perché nel frattempo gli era giunta l'intercettazione di una conversazione tra i generali Pintor e Roatta, nella quale il comandante della 1ª Armata aveva espresso l'impossibilità di passare all'offensiva con così poche ore di preavviso.
Venne così ordinato alla 4ª Armata di muoversi, mentre sul fronte sud la 1ª Armata venne temporaneamente tenuta ferma:

> A parziale modifica ordini precedenti dispongo che in un primo tempo venga eseguita azione a fondo, come già disposto, da parte dell'ala destra della Quarta Armata. Confermo che note colonne tedesche all'alba di domani inizieranno movimento su località indicate.

Graziani trasmise l'ordine alle armate:

> I tedeschi hanno occupato Lione. Bisogna evitare nel modo più assoluto che siano i primi ad arrivare al mare. Per questa notte ore 3 dovete attaccare su tutta la fronte dal San Bernardo al mare. L'aviazione concorrerà con masse da bombardamento sulle opere e sulle città. I tedeschi nella giornata di domani e dopodomani faranno concorrere colonne corazzate provenienti da Lione e dirette a Chambéry, St. Pierre de Chartreuse e Grenoble.

Fu l'inizio di una battaglia di quattro giorni, dalla mattina del 21 giugno alla notte del 24, una battaglia condotta quando le sorti della guerra erano già decise e a Roma erano in corso le trattative per l'armistizio franco-italiano. Era un'offensiva senza speranza, prima di tutto perché la frontiera francese era ben fortificata, e tutti gli studi italiani escludevano la possibilità di uno sfondamento, e perché fino al 20 giugno lo schieramento italiano era difensivo, con truppe e artiglieria ancora dislocate in modo da arrestare un'offensiva francese ormai impossibile.
Quindi le truppe italiane sarebbero dovute andare all'attacco delle posizioni francesi senza altro appoggio che il fuoco dei forti italiani, quasi sempre orientati alla difensiva.
Inoltre il tempo era pessimo, di notte si registrarono temperature fino a 20 gradi sotto zero, troppo per il mediocre equipaggiamento della fanteria che avanzava nella neve.
In termini militari, era un'offensiva fallita in partenza. In termini politici, era un'offensiva che doveva dimostrare che anche l'Italia fascista aveva avuto qualche parte nella guerra. C'era anche una malcelata speranza che il collasso della Francia

dinanzi ai tedeschi si estendesse anche all'*Armée des Alpes*, in modo da permettere una facile avanzata italiana.
Il 20 giugno Ciano annotò nel proprio Diario:

> 20 GIUGNO – I francesi nominano delegati a trattare con noi gli stessi che hanno avuto l'incarico di trattare con la Germania e chiedono se le trattative possono aver luogo nello stesso posto e contemporaneamente. Questa era anche la nostra idea a Monaco. Ma Hitler si oppose e volle specificamente "due commissioni". Il Duce crede vedervi una ragione psicologica e cioè ch'egli non voleva che i francesi si trovassero davanti tedeschi e italiani in una posizione alla pari.
> Mussolini ieri ha deciso di attaccare i francesi sulle Alpi. Badoglio si è energicamente opposto, ma ha insistito.
> Allora gli ho parlato io. Trovo molto poco glorioso il gettarsi su un esercito disfatto ed anche moralmente pericoloso. L'armistizio è alle porte e se il nostro esercito non riuscisse a sfondare di primo impeto concluderemo la campagna con un clamoroso insuccesso.
> Mussolini mi ha ascoltato e pare che limiterà l'attacco ad un piccolo settore verso il confine svizzero. A ciò l'ha indotto anche una intercettazione telefonica tra Roatta e Pintor, che si dichiarava assolutamente impreparato ad eseguire domani l'attacco. E ciò dopo nove mesi di attesa e con i francesi ridotti nelle condizioni in cui sono! Fossimo entrati in guerra in settembre, che sarebbe successo?

I messaggi di Petain alla Francia perché le truppe francesi deponessero le armi non raggiunsero o non vennero ascoltati e presi sul serio dal generale Orly, comandante dell'*Armée des Alpes;* nel frattempo truppe germaniche avevano raggiunta Lione, preoccupando gli italiani che temettero che gli alleati potessero cogliere alle spalle le truppe di Orly occupando anche le Alpi marittime.
Alla fine di giugno le Alpi erano colpite da un maltempo fuori stagione, con forti nevicate e la visibilità era ridotta al minimo; il maltempo si dimostrerà un avversario ben peggiore dei francesi.
I combattimenti ad alta quota, i più importanti per gli obiettivi italiani verso la Savoia allo scopo di aprire uno sblocco in Val Isère, oltre Bourg San Maurice e su Beaufort, per poi raggiungere Albertville e ricongiungersi ai tedeschi che avanzavano da Lione, iniziarono il mattino del 21 giugno con l'operazione "B".
Il generale Alfredo Guzzoni, Comandante della 4a Armata, impiego nel settore del Piccolo San Bernardo il I° Corpo d'Armata del generale Carlo Vecchiarelli, con le divisioni di fanteria *Cagliari, Superga* e *Pinerolo*, che tra l'altro, oltre ai servizi, comprendeva due battaglioni alpini, uno di camicie nere, un gruppo e tre raggruppamenti di artiglieria, quattro battaglioni mitraglieri, a cui potevano aggiungersi le divisioni della Riserva d'Armata di fanteria Legnano e Brennero, e la alpina Tridentina, nonché il Raggruppamento d'Armata (generale Enrico Gazale) che comprendeva il 4° Reggimento bersaglieri, il 1° Reggimento fanteria carrista, e il Reggimento *Nizza Cavalleria*. Queste forze avrebbero dovuto superare i passi del Piccolo San Bernardo e del Moncenisio, e di riflesso allargando le linee di avanzata anche ai settori di Bardonecchia, Monginevro e Germanasca Pellice. Il IV Corpo d'Armata del generale Camillo Mercalli, prolungava la linea da Bardonecchia verso il Passo del Monginevro, con le divisioni di fanteria da montagna *Assietta* e

*Sforzesca*, oltre a reparti vari di varie specialità e servizi
Già il mattino del 20 giugno il comandante del IV Corpo d'Armata, generale Mercalli, al di fuori di precise direttive aveva già deciso di avanzare del Monginevro.
Per lo sfondamento e rapida avanzata sulle direttrici del Piccolo San Bernardo e del Moncenisio, furono messe a disposizione della 4a Armata, due divisioni motorizzate dell'Armata del Po, la *Trieste* e la *Trento* destinate a guadagnarsi ampia e meritata fama in Africa settentrionale.
In un settore non ricco di strade, fu necessario rimaneggiare lo schieramento d'artiglieria per adeguarlo alle nuove esigenze offensive, rinunciando ai cannoni di maggior calibro (149, 152 e 203 mm), di difficile trasporto e lenta messa in posizione, e a quelli di posizione più lontani dalla linea del fronte; e vennero spinti più avanzati i servizi, accrescendoli di mole per l'aumentato concorso alle Grandi Unità, mentre gli alpini conducevano le operazioni di superamento dei valichi alpini servendosi di migliaia di muli che trasportavano cannoni e munizioni da 75 e 100 mm e tutto quanto era necessario all'avanzata, i rifornimenti, compresi i viveri[7]
Nella notte tra il 20 ed il 21 giugno tutto il fronte era in movimento.
L'inizio dell'offensiva ebbe inizio con gli attacchi dei bombardieri della 1a Squadra Aerea, che nello sgancio delle bombe da 100 e 250 chili furono ostacolati nell'individuazione degli obiettivi da spessi banchi nuvolosi. Alle 0640 del 21 giugno, sei FIAT B.R..20 *Cicogna* dei Gruppi 11° e 43° del 13° Stormo attaccano il forte Malgovert vicino a Bourg-Saint-Maurice, lungo il corso del fiume Isére, mentre dodici B.R. 20 dal 25° Gruppo attaccano le fortificazioni dall'altra parte della cittadina. Lo sgancio delle bombe, circa cinquanta, avvenne da una quota di 1.500 metri senza poter vedere gli obiettivi essendo gli aerei al disopra delle nuvole, e non colpirono i forti.
Alcune bombe caddero sul paese uccidendo un soldato del 215° reggimento fanteria. Successivamente, in formazioni successive, attaccarono quarantatre *Cicogne* del 7°, 43° e 13° Stormo, con obiettivo l'Alta Tarentaise, al confine con la Valle d'Aosta, seguiti da altri diciassette B.R..20 che bombardarono la ridotta Ruiée, che sbarrava il passaggio alle truppe italiane destinati aprirsi la strada che dal Piccolo San Bernardo porta a Bourg-Saint-Maurice. Questa località fu nuovamente bombardata da cinque B.R..20 del 31° Gruppo, dei quali soltanto due riuscirono ad avvistare i forti da bombardare. Anche l'attacco da parte di altri undici B.R..20 del 25° Gruppo con obiettivo i forti di Plate-Truc, a nord-ovest di Bourg Saint-Maurice, non riuscì per la copertura nuvolosa che impedì ai bombardieri, tranne due, di identificare il loro obiettivo, cosi come non ebbe alcun risultato l'attacco di altri otto B.R..20 del 7° Stormo sulla località di Vulmis, dove era posizionata l'artiglieria francese, e sulla ferrovia AimeMortier. In poche parole il bombardamento in quelle condizioni di scarsissima visibilità, oltre ad impedire ad altre formazioni di aerei di poter decollare per attaccare le fortificazioni fu deludente, e non agevolo, come avrebbe dovuto, l'attacco delle truppe di terra[8].
il 21, il generale Guzzoni, comandante la Quarta Armata, cui giungevano le notizie

---

[7]Mattesini 2020, pp. 18-19.
[8]Ibid.

della rapida avanzata tedesca su Chambéry, sentì odore di crollo nemico, lanciò all'attacco non solo la divisione alpina Taurinense e i battaglioni Vestone e Vicenza ma anche la divisione motorizzata *Trieste* e si portò di persona al colle del Piccolo San Bernardo per godersi il trionfo.

Guzzoni prese personalmente la testa del XXXII° battaglione bersaglieri motociclisti, appartenente al 9° Reggimento Bersaglieri inquadrato nella divisione *Trieste,* che valicò il Piccolo San Bernardo spingendosi sotto le postazioni del Forte Traversette- che i francesi denominavano Redoute rouinée- venendo però fermato dal ponte di Marquise, fatto saltare dai genieri francesi, mentre l'artiglieria italiana era rimasta indietro, tanto che in quattro giorni non si sarebbe riusciti a portarla sotto il forte.

Traversette era difeso da una guarnigione dii settantacinque uomini al comando del tenente Desserteaux, con cannoni controcarro e mitragliatrici.

La divisione *Trieste* non era inquadrata nei reparti della 1a e 4a Armata, perché era stato deciso che le divisioni motorizzate, provviste anche di carri armati s'inoltrassero nelle valli alpine per appoggiare le altre divisioni dove necessario.

Finì che Guzzoni *nell'intasamento generale si riduce a comandare uno o due battaglioni invece che la sua grande unità*, come scrisse il generale Zanussi[9]

Nel pomeriggio, appoggiati anche dagli attacchi aerei che nella mattinata avevano concentrato i loro bombardamenti in un altro settore, e portando avanti i cannoni da 149/35 del 24° Gruppo per controbattere il tiro proveniente dai forti nemici, i circa 2.000 uomini della divisione *Trieste*, rinforzata da altri battaglioni, alla fine della giornata avevano costretto i francesi a ritirarsi su altre posizioni e ottenuto il controllo di tutta la zona dei tornanti ad est di Séez, con le pattuglie avanzata arrivate vicino al paese, che fu poi occupato il giorno 23, ma non le vicine fortificazioni che continuarono a sparare fino al giorno 24 con i loro cannoni sulla strada del Monginevro.

Come scrive Mattesini,

> I francesi si sono vantati che le loro fortificazioni non erano state catturate dagli italiani, accontentando quanti si sono sempre spesi per cercare di dimostrare che l'attacco "*fascista*" (e non del Regio Esercito) era fallito su tutta la linea. A parte il fatto che gli italiani, giustamente preferivano, quando possibile, aggirare e isolare i forti invece di attaccarli frontalmente, perché l'ordine dato da Roma era quello di limitarsi a battere il nemico in ritirata e ad occupare le posizioni abbandonate.

Il 21 giugno vennero conquistate alcune fortificazioni della prima linea di difesa del passo del Piccolo San Bernardo (2.009 metri), dove l'avanzata venne arrestata per le eccezionali nevicate, che impedivano il movimento di uomini e mezzi, e perfino di portare un pasto caldo ai soldati in linea. Vi contribuì anche la difesa di Traversette, su uno sperone roccioso a circa 200 metri a sud del passo del San Bernardo,

Ma poi con un avanzata dei battaglioni alpini dal passo della Seigne, a sud del Monte Bianco, aggirando le fortificazione di Seloge, gli italiani stavano puntarono su Roselend, da dove poi avrebbero dovuto proseguire per Albertville, mentre più a sud gli alpini e la Divisione motorizzata *Trieste* superata la prima linea difensiva del San

---

[9]G. Zanussi, *Guerra e catastrofe d'Italia*, I,, Roma 1945, p.60.

Bernando, pur con grande difficoltà stavano penetrando nella linea fortificata, sostenuti sul fianco meridionale dalle forze provenienti dal valico del Col du Mont, alto 2.637 metri

La ridotta di Traversette, che contrastava efficacemente gli uomini impegnati nella riparazione del ponte di Marquise, lungo 30 metri e largo 10, che i francesi avevano fatto saltare, era oramai eliminato come minaccia diretta, ma serviva ancora per un'efficace azione di osservatorio per i tiri di artiglieria di Borg-Saint-Maurice, che però dovevano essere trasmessi cifrati in codice, a causa dell'interruzione della linea telefonica con il comando a Chapelles. Pertanto la immobilizzazione del Traversette permise ai pionieri del XVII° battaglione pontieri, agevolati anche dalla nebbia, di completare l'interruzione del Marquise con un ponte in ferro, aprendo la strada ai carri armati, agli automezzi e alle artiglierie, con in testa la 1a Compagnia del XXXIII° Battaglione Carri Veloci della Divisione corazzata *Littorio* del generale Gervasio Bitossi.

Nella battaglia delle Alpi Occidentali, data la natura del terreno e la perfetta conoscenza che di esso avevano i reparti della Milizia Confinaria, questi furono ampiamente impegnati sui monti delle loro regioni. Proprio ad un capomanipolo valdostano della Milizia Confinaria, Vittorio Marcoz, caduto mentre proteggeva con i suoi confinari i genieri che lavoravano al riattamento del ponte di Marquise sotto Traversette, venne conferita la prima Medaglia d'Oro alla memoria concessa ad un membro della M.V.S.N. nella Seconda Guerra Mondiale, l'unica della campagna italo- francese:

> Alla testa di un manipolo della Milizia Confinaria varcava fra i primi il conteso confine, per proteggere un importante lavoro di una compagnia artieri. Con ardimento e perizia, sotto violentissimo fuoco, trascinava le camicie nere all'occupazione di posizione avanzata e scoperta, che poi manteneva, nonostante le perdite, fino al completo assolvimento del compito. Ferito gravemente, teneva alto lo spirito e la fede dei suoi confinari. Successivamente, all'ospedale, dove subì l'amputazione di una gamba, conscio della prossima fine, volle intorno a sé gli ufficiali e i militari che gli furono compagni nella lotta, cui rivolgeva fiere e ispirate parole di soldato ed ai quali chiedeva di accompagnare il suo trapasso col canto del confinario.
> Monte Traversette, 21 giugno 1940.

Nello stesso tempo, nonostante una lenta avanzata sotto il fuoco nemico in Val des Glaciers, avendo occupata la località Ville de Glaciers, sulla destra del Piccolo San Bernardo, il Battaglione alpini *Edolo* aveva circondato l'opera fortificata sita nei pressi di Solege.

Il Corpo d'armata Alpino venne impegnato nell'attacco tra il il Col de la Seigne e il Col du Mont.

Si legge ne *Les carnets du captaine Bulle*, di Gil Emprin, la biografia del savoiardo Jean-Marie Bulle, capitano degli *Eclaireurs-Skieurs* , distintosi nella difesa contro gli italiani e poi, combattente delle *Forces Français de l'Interieur*[10], che

---

[10] Bulle morì nei giorni della liberazione di Parigi mentre si era recato a trattare la resa di un presidio tedesco presso Albertville, dove venne imprigionato e poi fucilato

> ...Gli alpini scatenano l'offensiva: delle compagnie intere, evitando il Col de la Seigne che credevano minato, passano dal versante nord e si concentrano intorno a Les Lanchettes. Alla nostra artiglieria si presenta un facile bersaglio, i colpi cadono in pieno sulle colonne e, malgrado le gravi perdite, gli alpini dilagano senza sosta nella Val des Glaciers.

Così Malaparte ricorda l'attacco degli alpini del 5°, cui apparteneva:

> Fra poco il battaglione *Edolo* scavalcherà il ciglio del colle. In piedi presso uno spigolo di una roccia, il Colonnello Fassi e Lavizzari confrontano la carta al 50.000 col terreno che s'apre a ventaglio davanti ai loro occhi
> «Eccoli là» dice il colonnello Fossi: sul ghiacciaio dei Glaciers, proprio sopra la Combe Noire, si scorgono le nere formiche delle cordate del Reparto Alpieri e del Battaglione *Duca degli Abruzzi*. «*Non li hanno ancora visti*» dice Lavizzari. In quel momento le batterie francesi appostate dietro il Col d'Enclave aprono il fuoco: i proiettili si avventano sibilando con una furia lucida e precisa, sono granate da 155, par di vederle luccicare nell'aria tersa, scoppiano qua e là sollevando fontane di neve e di pietre.«*Lavizzari, ora tocca a te*» dice il Colonnello Fossi. «*Va bene, signor Colonnello*» dice Lavizzari: ripiega con cura la carta al 50.000, la infila nella busta di cuoi che gli pende a tracolla sul fianco, si guarda intorno con i suoi tranquilli occhi azzurri, dice «*andiamo, ragazzi*» e scavalca la cresta, si avvia a passi lenti attraverso il nevaio ...Ma ha appena percorso un centinaio di passi allo scoperto, oltre la cresta, che le batterie francesi del Col d'Enclave e della Pointe de Mia gli sparano addosso. Folate di proiettili da 105 e da 155 giungono con un fruscio molle, un fruscio di quaglie nel grano, scoppiano sollevando alte comete di ghiaccio dalla coda di fuoco.[11]

Giunti in cima al Col de Seigne gli alpini trovarono qualcosa di assolutamente inatteso:

> Il Capitano risaliva lentamente, fra le alte fontane di neve delle granate francesi [...] quando, scavalcata la cresta [...] gli apparve davanti, all'improvviso, una panchina. Una panchina da giardino pubblico, verniciata di verde, il sedile e la spalliera di legno, le curve zampe di ferro terminate in forma di piede di cane. Una vera panchina: solitaria, pigra, malinconica. Di quelle che aspettano, pazienti e deluse, all'ombra di un platano, nella piazzetta d'ogni cittadina e d'ogni villaggio di Francia. [...] Forse soltanto un platano, un lampione, una quinta di muro con l'emblema *Défense d'afficher*, basterebbe per far di quella panchina [...] la testimonianza di una stanca civiltà provinciale[12]

In un suo articolo apparso sul *Corriere della Sera* Malaparte descrive le fasi conclusive dell'attacco al Col de la Seigne:

> Ed ecco, all'improvviso, giunge da lontano, forse da sotto al Col de L'Enclave, forse

---

[11]C. Malaparte, *Il sole è cieco*, Milano, 1995, pp. 59 segg.. Le azioni del 5° Alpini saranno descritte approfonditamente più avanti.
[12]Ibid., p. 9.

da sotto al Col des Fours, o forse dal vallone di Belleval, un fitto crepitio di mitragliatrici. «Sono i nostri» dice il colonnello Fassi: e un sorriso gli illumina il viso duro. Sono i nostri, hanno trovato i Francesi, sono andati a snidarli dai loro fortini di calcestruzzo. Sono i nostri! E nessuno di noi avverte più la stanchezza, né il freddo terribile, né la sete, la sete bruciante del ghiacciaio, e quasi quasi io non avverto più nemmeno lo schianto dei proiettili, che ci scoppiano tutt'intorno nella tenebra bianca e densa come una melma bianca[13].

Sempre Malaparte in una corrispondenza successiva descrive l'occupazione di una casermetta della *Gendarmerie*, avvenuta insieme ad otto altri fortini il 23, i cui occupanti erano fuggiti in tutta fretta all'approssimarsi degli alpini:

Nella Gendarmeria tutto è intatto: la tavola apparecchiata, con la bottiglia dell'aperitivo Dubonnet, alcune scatole di sardine per antipasto, un vasetto di mostarda di Digione. [...] (Nelle stanze dei gendarmi i letti già fatti, con le coperte e i lenzuoli rimboccati, e qualche uniforme turchina appesa dietro le porte. Sui tavolini da notte alcuni libri, che son poi finiti, naturalmente, nel mio sacco da montagna.)[14]

Il 21 giugno le truppe italiane attaccarono le forze francesi lungo tutto il confine. La Prima Armata italiana aveva come obiettivi Nizza, la Provenza ed il bacino dell'alto Ubaye. La Quarta Armata aveva come obiettivo principale Modane, Lione (I° Corpo) e Briancon (IV° Corpo).
Nella zona del Moncenisio, operava il 1° Corpo d'Armata del generale Carlo Vecchiarelli, con sede di Comando Operativo a Bardonecchia, al Varisello.
Nell'ordine di operazione n. 2 del 20 giugno 1940, il suo obiettivo principale era quello di *recidere la valle dell'Arc all'altezza di S.Michel, allo scopo di impedire l'arrivo dei rinforzi da valle e preparare l'ulteriore avanzata verso S. Jean de Maurienne.*
Pertanto, occorreva spingere "*elementi di esplorazione sul Galibier; far cadere le zone principali di resistenza avversaria*"; avanzare "*mediante azioni sulle ali* (aggiramento); *sfruttare la breccia in profondità con azione lungo la valle con le unità di seconda schiera.*
E, infine,"*proteggere l'azione contro reazioni avversarie sul lato Sud del settore (dal passo di Desertes al Colle di Laval).*
Come prima azione il giorno 21 giugno, la Cima del monte Nunda (3.025 metri), a nord del lago del Moncenisio, venne occupata dalla 2a compagnia Guardie alla Frontiera (G.a.F.) *Lupi del Moncenisio*, che poi il giorno seguente prese parte all'attacco del forte Ouillon des Arcellins (2.665 metri), sull'ala sinistra della strada del Moncenisio – Route Nationale 6 (RN 6) – del Moncenisio, posizionata per interdirne il transito in concorso con il Forte Turra e l'avamposto dei Revets.
Ciò avvenne nel tardo pomeriggio del 22 giugno, quando, in una giornata di nebbia,

---

[13] Curzio Malaparte," La battaglia del Monte Bianco", *Corriere della Sera*, 7 luglio 1940
[14] Malaparte, "La battaglia del Monte Bianco. A colpi di bombe sotto la tormenta", *Corriere della Sera*, 9 luglio 1940; in *Il sole è cieco* specifica trattarsi *di un romanzopoliziesco di Simenon, un numero di Gringoire, un manuale di radiotelegrafia* (op.cit., p.96)

un battaglione della Divisione di fanteria Cagliari, due plotoni della 2a compagnia *Lupi del Moncenisio* e la 5a compagnia del 1° reggimento carri armati CV35 con lanciafiamme, e con una compagnia del 4° Reggimento Bersaglieri in riserva, conquistò il modernissimo forte Arcellins, ultimato nel 1940, alla vigilia della guerra, ultima opera della Linea Maginot, e costituito da due blocchi in cemento armato dalla superficie di 50 metri, armato ciascuno con un cannone anticarro e una mitragliatrice. La conquista di Arcellins avrebbe dovuto aprire la strada a sud del passo del Moncenisio, per poi sfociare il 22 nelle testate delle valli d'Isère e Guil nonché nella Val Moriana (o Val d'Arc) a monte di Modane[15].

Nel settore della 1a Armata le cose non andarono bene; l'attacco al Colle della Maddalena, porta per la val dell'Ubaye, cominciò e finì male: nella notte era caduta molta neve, una compagnia della divisione *Forlì* rimane bloccata in un vallone, con gli uomini in fila indiana. Un altro battaglione, sorpreso da un contrattacco francese, lasciò nelle mani del nemico 335 prigionieri.

> Gli alpini piemontesi, racconta l'ufficiale francese Rénard che guidò il contrattacco, erano stati sostituiti da reparti siciliani che soffrivano visibilmente il freddo. I loro ufficiali li hanno fatti salire in linea incolonnati sotto il fuoco dei nostri cannoni che li hanno decimati. Si sarebbe detto che il comando italiano faceva del suo meglio per negare a Mussolini il successo militare che si attendeva.

Forse non era in errore...

La 2a divisione alpina *Cuneense* non riuscì a progradire sugli alti passi; al Col Sautron e dovette per il momento arrestarsii; per rifornire il battaglione *Saluzzo* che si trovava ad essere il più avanzato dello schieramento, si dovettero compiere *corvée* con carichi a spalla di otto ore.

L'offensiva italiana venne ostacolata dalle avverse condizioni atmosferiche eccezionali per la stagione in corso: si era ormai in estate e c'era pioggia, neve e persino tormenta nelle zone dei valichi. Quando le avanguardie italiane giunsero nelle vallate oltre frontiera si ritrovarono a marciare con un fitta nebbia.

L'aviazione non poté fornire un adeguato appoggio alle operazioni sempre a causa del maltempo.

E in effetti i maggiori ostacoli agli italiani vennero causati più dal freddo e dalla neve che dagli *Chasseurs des Alpes:* non è esagerato dire che in caso di tempo favorevole le difese francesi sarebbero state rapidamente travolte.

Sul Col du Mont cadde da prode il tenente del X° settore GaF Remo Scheroni, che dopo aver espugnato con i propri uomini una posizione francese venne falciato da raffiche di mitragliatrici mentre inseguiva i francesi che fuggivano, al grido di *Savoia!*; anch'egli si meritò la massima onoreficenza al valore con la motivazione:

> Scattava per primo all'assalto di una munitissima posizione avversaria che con pochi e ardimentosi uomini riusciva a conquistare e saldamente presidiare. Non pago di questa sua bella vittoria, inseguiva il nemico per lungo tratto, assoggettandolo al lancio

---

[15]Mattesini 2020, pp. 24-25.

di bombe a mano. Fatto segno a raffiche di mitragliatrici, solo contro molti, non desisteva dall'inseguimento.
Colpito a morte, gridava ancora il suo ultimo "Savoia". Fulgido esempio di eroismo e di virtù militari
Col du mont, 21 giugno 1940.

Lo stesso giorno venne ferito gravemente a La belle Pliniere il caporale ventiquattrenne Livio Marbello, alpino del battaglione *Val Dora*, colpito alla testa mentre sostituiva un servente di mitragliatrice caduto. Ferito gravemente continuò a battere con l'arma gli *Chasseurs des Alpes*, si rifiutò di abbandonare la posizione per essere evacuato Sarebbe morto a Torino il 18 luglio, ed alla sua memoria venne concessa la Medaglia d'Oro al Valor Militare con la seguente motivazione:

Sempre primo ove maggiore era il rischio, durante un aspro attacco, con generoso impeto e fiero sprezzo del pericolo, si lanciava, di iniziativa, in terreno scoperto per raggiungere la postazione avanzata di un fucile mitragliatore, nel nobile intento di sostituire il tiratore caduto. Per meglio utilizzare l'arma, non esitava a portarsi in luogo più esposto da dove batteva efficacemente le posizioni nemiche suscitando l'ammirazione dei compagni. Gravemente ferito alla testa, conteneva con grande forza d'animo il dolore e pregava l'ufficiale medico di curare per primi gli altri feriti. Medicato chiedeva insistentemente di essere lasciato ai suo posto di combattimento: ai superiori, che lo costringevano a partire per un luogo di cura, esprimeva il suo disappunto ed il desiderio vivissimo di tornare, al più presto, alla battaglia per partecipare alla immancabile vittoria. Si spegneva in luogo di cura dopo circa un mese di atroci sofferenze, sopportate con animo virile e mirabile stoicismo. Fulgido esempio di elette virtù militari e di cosciente, sublime eroismo.
La Belle Plinier, 21 giugno -18 luglio 1940

Se non altro, gli italiani stavano dimostrando ai francesi come lo sprezzante detto del Lamorciere *Les Italiens ne se battent pas* non fosse che una scemenza: senza artiglierie, senza supporto aereo, con armi individuali, baionette e bombe a mano contro i fortini della *Maginot desAlpes*, ma si battevano. E morivano.
Malgrado tutto, infatti, gli avamposti nemici vennero superati grazie anche all'effetto sorpresa ed all'astuzia dei soldati italiani.
Le guarnigioni francesi che difendevano un tratto di fronte di 40 chilometri tra il Colle del Moncenisio e ll Col d'Éitache (2.799 metri), comprendevano 4.500 uomini, sostenuti, dietro di loro, nelle varie postazioni della Val d'Arc, da altri diciotto battaglioni con sessanta cannoni, mentre gli italiani avevano come unità di punta la divisione di fanteria *Cagliari* e come riserva la divisione *Brennero* (generale Arnaldo Forgiero) nella zona del lago del Moncenisio. Quest'ultima, secondo l'organico delle divisioni da montagna, disponeva del 231° e 232° reggimento fanteria, ciascuno su tre battaglioni, del XLVa Battaglione Camicie Nere *Alto Adige* e del 9° Reggimento artiglieria *Brennero* con tre gruppi d'artiglieria, composta da due gruppi someggiati e uno carreggiato.
Alla divisione da montagna *Cagliari* (generale di brigata Antonio Scuero), che anch'essa comprendeva due reggimenti di fanteria con sei battaglioni, l'XI Battaglione d'assalto Camicie Nere d'Assalto *Casalmonferrato*), e un reggimento

d'artiglieria erano stati assegnati in rinforzo due battaglioni del 3° Reggimento Alpini della Divisione *Taurinense*, il *Val Cenischia* e il *Susa*, al comando del maggiore Costantino Boccalatte.

Nella zona di Bardonecchia era schierata la divisione *Superga* comandata dal generale Curio Barbasetti di Prun), mentre di rincalzo vi era la divisione *Pinerolo* (generale Angelo Stirpe), e in caso di emergenza la divisione motorizzata *Trento* del generale Luigi Nuvoloni, veterano della guerra di Spagna, dove aveva comandata la divisione *Penne Nere* a Guadalajara, distaccata dall'Armata del Po, pronta ad inserirsi per sfruttare lo sfondamento. Complessivamente vi erano ventisei batterie d'artiglieria sul Moncenisio e trentasei a Bardonecchia.

Purtroppo tutte queste forze avevano disponibile una sola strada agevole per far affluire i mezzi ruotati e le artiglierie in territorio francese, quella del Moncenisio, con i tornanti difesi dai francesi da fortificazioni dotate di cannoni, mortai e mitragliatrici, mentre invece il terreno circostante si presentava meno ostile all'avanzata della fanteria che non sul piccolo San Bernardo. Pertanto l'unico mezzo per permettere l'avanzata dei reparti, trasportare le artiglierie leggere e assicurare i rifornimenti, erano i muli, ma a volta capitava di dover trasportare i cannoni da 75 e da 100 mm a mano, , in una situazione atmosferica particolarmente sfavorevole per la pioggia e la neve, che a volte, pur essendo all'inizio dell'Estate, portava a vere tormente di neve.

Quando cominciò l'attacco italiano, esso avvenne verso la Val d'Arc su tre colonne della Divisione *Cagliari*, rinforzata, e a cui, secondo l'ordine di operazione n. 2 del generale Vecchiarelli, "*le artiglierie divisionali, già schierate*" potevano "*cooperare a richiesta*" alla sua azione.

La colonna centrale, con il I° battaglione del 64° reggimento di fanteria e del 3° battaglione del 63° reggimento di fanteria, iniziò la sua discesa attraverso il Col des Lacs Giaset poco dopo mezzogiorno del 21 giugno. Mentre si avvicinava al fiume Ambin la colonna incontrò una forte resistenza. Il II° battaglione del 64° Reggimento che scendeva dal Colle del Moncenisio, dove gli italiani circondarono il Fort de la Turra (a 2.529 metri, difeso da cinquanta uomini del 164° BAF al comando del tenente Prudhon che disponevano di due cannoni da 75, e due mortai da 81 e una sezione di mitragliatric), superata una debole resistenza, giunto al villaggio di Le Planay incontrò e si aggiunse alla colonna centrale. Anche Il I° battaglione del 64° Reggimento, che aveva deviato attraversato il Passo di Bellecombe, si ricongiunse alla colonna centrale nel villaggio di La Villette. Alcuni piccoli gruppi di fanteria furono lasciati indietro per operazioni di rastrellamento, il Fort de La Turre fu lasciato dapprima all'attacco di nuclei di fanteria, e poiché non fecero progressi, con gli uomini falciati dalle mitragliatrici, venne infine battuto con tiro preciso dalla batteria La Court sul colle del Moncenisio, con quattro cannoni da 149/35 mod. 1901 con protezione in cemento armato a cupola. Nel frattempo la maggior parte della colonna centrale continuava ad avanzare verso il paese di Bramans, a 10,5 chilometri da Modane.

Tutti i battaglioni della divisione *Cagliari* si riunirono presso una cappella fuori Bramans e, dopo aver eliminato le fortificazioni fisse francesi con il fuoco di artiglieria, presero il paese entro la fine del primo giorno 21 giugno.

Quindi a differenza di quanto si legge sulle pubblicazioni francesi sull'immobilizzazione delle forze italiane sul Moncenisio, già il primo giorno dell'attacco la divisione *Cagliari* al completo aveva raggiunto il fondo della Val d'Arc, superando il fiume Maurienne, e aveva tagliato in due la strada statale Modane-Moncenisio, in modo da agevolare poi la marcia delle forze motorizzate delle altre divisioni, e tagliare i rifornimenti alle truppe francesi rimaste intrappolate nelle loro fortificazioni del Moncenisio, dopo che le forze mobili, abbandonando le guarnigioni dei forti, erano state ritirate su una seconda linea[16].

L' XI CC.NN. ed il battaglione alpini *Susa* costituirono la colonna di estrema destra che con manovra avvolgente sarebbe dovuta cadere alle spalle delle opere difensive nemiche del Moncenisio affrontate direttamente dalla divisione *Cagliari* prima e dalla divisione *Brennero* poi, nel tratto di frontiera tra Monte Clapier e Monte Rocciamelone.

La colonna costituita dall'XI battaglione CC.NN. e dal *Susa* passò il giorno 21 a ovest del Rocciamelone e riuscì, dopo 12 ore di marcia durissima, superando difficoltà alpinistiche incredibili, ad avanzare, calandosi in valle Ribon, fino all'Arcelle.

La colonna attraverso il Passo del Chapeau e il passo Novalesa e seguendo il corso del fiume Ribon verso Bessans, proseguendo in Val d'Arc aveva conquistato Lanslevillard, ai piedi della tornante della rotabile del Moncenisio e sul rovescio delle posizioni francesi di difesa. Proseguendo l'avanzata la colonna delle camicie Nere e del *Susa* dopo aver superato Termignon, raggiunto la sera del 23, arrivò all'alba dell'indomani a Lanslebourg, dove era già arrivata da tempo una compagnia del 64° Reggimento fanteria, importantissimo 29 incrocio stradale ai piedi della rotabile RN 6 del Moncenisio e per il proseguimento verso la Val d'Isère. Per questo motivo i battaglioni *Susa* e l'XI CCNN passarono alle dipendenze del Comando della Divisione *Brennero*.

Nel volume dell'USSME, *Le operazioni del Giugno 1940 sulle Alpi Occidentali*, si legge che, con la cattura di Termignon nella serata del 21 si controllava *la base dei tornanti che scendono dal Moncenisio"*, mentre *"ormai le fortificazioni della Petite Turra e del Revet, che resistendo ad oltranza bloccano la rotabile, sono aggirate sui tre lati e praticamente tagliate fuori*, dai reparti della divisione *Brennero*, in modo da permettere ai mezzi della Divisione motorizzata *Trento, dislocata nei pressi del Moncenisio in attesa di muovere lungo la rotabile*, di poter iniziare la discesa[17].

I carri CV35 del I° battaglione Fanteria carrista, che si trovavano in testa alla colonna, vennero presi sotto il tiro dei cannoni e dei mortai da 81mm delle fortificazioni francesi e riportarono danni, da non consentire il proseguimento della marcia verso il fondo valle Nel frattempo, elementi esploranti inviati a nord verso la Vanoise, allargando le aeree di territorio da conquistare, arrivarono in giornata in Val Chavrière, mentre il 232° reggimento fanteria *Brennero*, con azione di aggiramento raggiunse lo Chalet de la Ramasse ad est dei tornanti della strada RN 6 del Moncenisio, e una compagnia si spinse ancora più avanti. Con questa manovra le fortificazioni della Petite Turra e del Revet, sempre sotto il tiro della batteria da 149

---

[16]Matteucci 2020, pp. 28-29.
[17]*Le Operazioni del Giugno 1940 sulle Alpi Occidentali*, USSME, Roma, 1981, p. 183.

mm del Moncenisio, pur resistendo ad oltranza bloccando la strada RN 6, erano state aggirate da tre lati e praticamente tagliate fuori, ma che continuavano ad impedire alla divisione motorizzata *Trento*, in attesa sul Moncenisio di scendere a valle, con all'avanguardia il IV battaglione del 1° fanteria carrista, che a doveva appoggiare la *Brennero* nello sbloccamento del passo.

Il 22 la colonna del *Susa* e dell'XI CCNN seguitò ad avanzare lungo la valle Ribon ed occupò, verso l'una, Bressan; di lì proseguì l'avanzata lungo la valle dell'Arc per proteggere le truppe del grosso dalle provenienze nemiche da questa valle.

Il 23 i due battaglioni, alpini e Camicie Nere, raggiunsero Lanslevillard; la colonna era oramai passata ormai agli ordini della divisione *Brennero* che aveva sostituita la *Cagliari* nel tratto Petite Turrà- Cima della Nunda.

La colonna occupò Lanslebourg, più tardi si spinse fino a Thermignon ed inviò elementi avanzati su per la valle di Doron col compito di occupare Col de la Vanoise, ma venne fermata dall'ordine di cessare le ostilità all'altezza dello *Chalet* La Fontanelle.

Come si legge nella relazione del generale Scuero, comandante della divisione *Cagliari*:

> ...L'azione della divisione in valle Arc riuscì per la decisione e la rapidità con cui fu condotta. Ventitrè ore dopo l'inizio le pattuglie avanzate avevano già superato Bramans. I francesi hanno dichiarato di aver ritenuto impossibile che i due battaglioni, alpini Susa ed XI CC.NN., potessero scendere la valle del Ribon dal colle Chapeau Rocciamelone

Ecco un brano dalla relazione del maggiore Costantino Boccalatte, comandante. la colonna del battaglione *Susa* e dell'XI battaglione CC.NN.:

> Un ufficiale francese presentatosi al Thermignon il giorno 27 giugno, con bandiera bianca, per chiedere notizie sulla situazione essendone all'oscuro, ha affermato che tutto era da aspettarsi fuorché il vedere scendere una colonna per la valle del Ribon, provenendo dal ghiacciaio del Rocciamelone; avevano creduto si trattasse di almeno 3.000 uomini e perciò i francesi ripiegarono su Bonnevai, giacché l'unica valle dove non erano state predisposte difese a carattere permanente era la valle del Ribon. I francesi escludevano nel modo più assoluto che fosse possibile a truppe di una certa entità di scendere dal Rocciamelone, forzando così i passaggi per sboccare nella valle dell'Arc. Altro ufficiale francese, comandante delle truppe dislocate al Col de La Vanoise è rimasto profondamente meravigliato che la nostra colonna fosse potuta giungere nella valle Doron.

L'evento più importante, e per gli italiani più tragico della giornata del 21 giugno, fu però la distruzione del forte dello Chaberton, la fortezza più alta d'Europa, sita a 3130 metri d'altezza.

La mattina del 21, i francesi cominciarono a bombardare con quattro mortai *Schneider* da 280 mm siti 2 nella località Poet Morande 2 all'Eyrette;.in tre ore e mezza 57 proiettili da 280, pesanti 205 kg., si abbatterono sulle sue otto torri cilindriche, armate ciascuna di un cannone da 149/35, mettendone fuori combattimento sei.

Nel forte ci furono 9 morti e una cinquantina di. feriti Il bombardamento fu poi temporaneamente sospeso per la nebbia, ma nel pomeriggio riprese, ed una volta aggiustato il tiro i mortai francesi in breve tempo misero fuori uso sei delle otto torrette della batteria, causando nove morti e cinquanta feriti, mettendo fuori uso la teleferica di servizio, e causando danni notevoli alle strutture. Il giorno seguente, continuò a sparare con le due torrette residue, mentre i Francesi spararono ancora qualche colpo di mortaio

La costruzione del forte era stata decisa nel 1896, quando, nell'ambito della Triplice Alleanza, l'Italia perseguiva un piano di miglioramento del sistema di opere sul confine con la Francia. La vetta dello Chaberton fu scelta per la sua posizione strategica, per la sua inaccessibilità e per l'impossibilità di colpirla con le armi a tiro curvo dell'epoca. Ciò spiega la realizzazione di batterie sopraelevate con cannoni piazzati in torrette rotanti e senza protezione. Questo sarà un drastico deficit allorché i mortai francesi nella Seconda Guerra Mondiale bersaglieranno la batteria. Il progetto fu quello di un'opera autonoma ad azione lontana, ovvero con il fine di bombardare postazioni militari anche a notevole distanza in territorio straniero.

I lavori determinarono innanzitutto la realizzazione di una strada militare di 14 km da Fenils fino alla cima, nonché di una teleferica per il trasporto dei materiali dal paese al forte. La sommità del monte fu abbassata di 6 metri, spianata e sul versante italiano fu scavato uno scalino di 12 metri proprio sotto lo spiazzo così ottenuto. Sulla base dello scalino venne costruito il forte, protetto dal ciglione del monte. Semplice nella sua pianta, era costituito da una lunga caserma di m.113x18 comprendente i locali logistici cui poi si aggiunsero una capace santabarbara e altri locali di servizio scavati nelle viscere stesse del monte.

L'armamento era posizionato in otto torri cilindriche in muratura emergenti dal soffitto della caserma, alte circa 8 metri, larghe 7, distanti 5 metri dallo spalto del monte che le proteggeva anteriormente. Esse erano formate da un cilindro cavo in blocchetti di calcestruzzo con un carico di rottura di 100-150 kg/cm$^2$. Non fu usato il cemento armato, tecnica perfezionata già nel 1897.

All'interno vi era un cilindro pieno in muratura alto come la torre con l'arma sulla sommità. Fra il cilindro interno e quello cavo esterno vi era un'intercapedine nella quale passava la scala elicoidale che arrivava fino al cannone e il montacarichi verticale per i proiettili.

Sulla sommità di ciascuna torre era installato in una casamatta leggermente blindata un cannone da 149/35 brandeggiabile a 360° in sistemazione denominata "*Armstrong Montagna*". L'arma, con un alzo in elevazione da + 25° a – 8°, tirava a 628 m/s un proiettile di peso variabile fra i 37 e i 45 kg. ad una distanza massima, vista la conformazione della casamatta, di 16000 m.

Il cannone era posto all'interno di una cupola blindata solidale col brandeggio del cannone e quindi in grado di ruotare di 360° grazie ad una corona dentata fissata sulla sommità della torre. In realtà la protezione era piuttosto labile: 5 cm. nella parte di massimo spessore, sul davanti, 2,5 sul tetto e 16 mm. sui fianchi e sul retro, dove poteva essere perforata anche da un proiettile di mitragliatrice pesante! Era una protezione " *destinata- come si legge su documenti ufficiali degli anni '30 – a opere permanenti di alta montagna che non dovevano temere offese provenienti dall'alto*" : ma proprio dall'alto sarebbe arrivata l'offesa.

Ogni cannone era servito da 8 uomini.

I francesi considerarono subito il forte per quello che poteva rappresentare: un grave pericolo per la conca di Briançon e la stessa città: nel 1903, prima ancora che il forte Italiano venisse armato, era apparso in Francia un preoccupato articolo sul quotidiano nazionalista *Libre parole* (quello stesso, che aveva scatenato la campagna contro il capitano Dreyfus). In esso si prevedeva che i cannoni del forte avrebbero potuto distruggere la città in 24 ore: *"quali misure hanno preso le autorità militari per proteggere questa parte della frontiera delle Alpi?"* si domandava il giornalista. In verità le autorità militari francesi presero, a tempo debito, le loro misure, sia difensive (fortificazioni in calcestruzzo e acciaio), sia offensive (artiglierie adeguate), lo Chaberton, invece, non venne nei decenni successivi adeguato alle nuove minacce, malgrado l'esistenza del mortaio francese da 280 fosse ben nota alle autorità militari italiane sin dagli anni Trenta.

Come ricorda E. Castellano nel suo libro *Distruggete lo Chaberton,*

> Disgraziatamente l"estatica ammirazione del forte continuò per molto tempo (...) anche quando era ormai da considerarsi superato sotto ogni aspetto.

Allo scoppio della guerra il forte era così presidiato da 320 uomini dell'8° Reggimento artiglieria Guardia alla Frontiera (515$^a$ batteria GaF). I cannoni del forte sono sempre nella loro scatoletta di latta in cima alla torre, come un cappello su un palo.

Nel forte mancavano, nota E. Castellano nel suo libro, le tavole di tiro relative alla quota di 3000 metri: quelle disponibili per il pezzo da 149/35 erano infatti riferite ad una quota di 1000. Il capitano Bevilacqua, comandante della postazione, dovette quindi revisionarle.

Le tavole giuste, riferite alla quota di 3000 m. giunsero al fronte quando la campagna delle Alpi era ormai terminata, trent'anni dopo l'installazione dei cannoni!

La guerra, per lo Chaberton, era iniziata il 17 giugno quando il forte aprì il fuoco contro i forti francesi Janus, Gondran, Infernet, Trois Tetes., maa già da due anni, dal dicembre del '38, i francesi avevano predisposto adeguate contromisure, allestendo la 6° batteria del 154° Reggimento Artiglieria su 4 armi senza che il servizio di informazioni Italiano ne avesse il minimo sospetto.

Nell' aprile del 1940 i mortai, suddivisi in due sezioni di due armi ciascuna, erano stati posti in batteria, ben defilati e nascosti anche ad un'eventuale ricognizione aerea italiana.

Il 21 giugno, nel pomeriggio, i mortai francesi iniziano a loro volta a tirare sullo Chaberton dal vallone delle Cervieres, distante 9300 m. e con un dislivello di oltre 1000 metri. Il fuoco era diretto da tre osservatori (forte Janus, forte dell' Infernet, Col de Granon).

Vi erano tre osservatori dalla parte francese, mentre non ce n'era neppure uno efficiente nel torte italiano, la cui guarnigione non aveva idea circa la provenienza dei colpi e assolutamente nessun mezzo per controbatterli.

I 149/35 italiani bombardarono a ripetizione il vecchio forte Trois Tetes, pensando che di lì provenisse il fuoco: ma il forte francese, declassato, non aveva neppure i cannoni.

Lo Chaberton bombardò anche il forte Janus: fra il 20 e il 21 giugno l'opera Maginot che vi era stata costruita fu bersagliata da oltre 1000 colpi dei 149 dello Chaberton e da una cinquantina di proiettili di mortai da 210, senza subire gravi danni: fra l'altro fu colpita anche la campana corazzata GFM del blocco 4, dove era situato l'osservatorio: ma il proiettile da 149 lasciò solo una scalfittura sulla cupola corazzata spessa oltre 20 cm. Proprio dall'osservatorio del forte Janus deriva, probabilmente, l'unica foto nota scattata dai francesi durante il bombardamento.

Scrisse il tenente Miguet, comandante di una batteria di 4 mortai Schneider da 280 mm. che i francesi avevano posizionato già da tempo nella zona di Briançon (due a Poet Moran e due a l'Ayrette) con lo scopo preciso di distruggere il forte:

> Dopo una spaventosa detonazione che fece volare via tutte le opere di mascheramento preparate, seguimmo la traiettoria del proiettile col fiato sospeso, Furono, secondi. interminabili. Poi ci arrivò la segnalazione dall'osservatorio: obiettivo quasi colpito, mirare un poco più a destra in basso.

Uno dei primi colpi francesi, un po' lungo, colpì la teleferica che univa il forte al paese di Cesana. La stazione di arrivo era stata collocata in prossimità di una torretta del forte, e quindi in posizione assai esposta: vi arrivavano anche la linea elettrica e quella telefonica, palificate e non, interrate per cui il forte rimase quasi subito privo di comunicazioni, tranne quelle radio. Alle 1715 venne colpita la prima torre: gli artiglieri ebbero un morto ed un ferito grave: nella mezzora successiva fu l'inferno: vennero colpite le torri 5 (4 morti, la casamatta venne scalzata dalla sua sede e restò in bilico di sghimbescio sulla torre), 4 (due morti), 3: quest'ultima ebbe addirittura l'intera torretta scaraventata ai piedi della torre, come un cappello strappato da una folata di vento. Verso le 18 è la volta della 2 e della 6: *il bombardamento continua*, scrisse nella sua relazione il ten, francese Miguet, *ma mi sembrava di uccidere un morto*.

Con l'oscurità i mortai francesi da 280 cessarono il fuoco. Con 51 colpi avevano costretto al silenzio 6 torri su 8. Al forte restarono attive solo le torri 7 e 8.

La guarnigione, pur nell'impossibilita di controbattere il fuoco avversario, resistette continuando il fuoco con le torri superstiti fino al 23 giugno. Tirarono tanto, spesso trasportando proiettili e cariche a spalla, che la filettatura degli otturatori si consumò e dovettero essere riparati.

Anche i mortai francesi continuarono il loro fuoco, tra folate di nebbia che coprirono il bersaglio: 6 colpi il giorno 22, 14 il 23 e 24 il giorno successivo, che fu anche l'ultimo giorno di guerra tra Italia e Francia: nessuno di questi 44 colpi centrò il forte: Strano bombardamento quello francese: nel primo giorno in poco più di 3 ore effettive di fuoco 57 colpi misero a tacere 6 torri su 8, nei tre giorni successivi 44 colpi non fecero nessun danno: uno solo cadde vicino il giorno 22.

Tra i Caduti dello Chaberton vi fu il ventiduennne sergente maggiore Ferruccio Ferrari, morto il 26 giugno 1940, dopo cinque giorni di agonia nell'ospedale di Pinerolo.

Tra i feriti più gravi era il sergente maggiore Ferruccio Ferrari, di 22 anni, che sarebbe morto cinque giorni Ferrari era nato a Boves (Cuneo) nel 1917. Nel maggio 1937 si arruolava volontario in artiglieria nel 5° reggimento artiglieria divisionale e in agosto era promosso caporale, passando aggregato al 92° reggimento fanteria dove conseguiva la promozione a caporal maggiore nell'ottobre dello stesso anno. Sergente esattamente un anno dopo, veniva trattenuto alle armi e destinato alla 515ª batteria della Guardia alla Frontiera del VII Settore di copertura.

Ferrari ottenne la promozione a sergente maggiore alla vigilia della seconda guerra mondiale.

Il sergente cuneese benché gravissimamente ferito dalle ustioni, cedeva la barella ai propri artiglieri, facendosi portare via per ultimo; al momento di lasciare il forte lo salutò col grido *Viva il Duce!*..

Alla sua memoria verrà concessa la Medaglia d'Oro al Valor Militare alla memoria con la seguente motivazione:

> Sottufficiale artigliere G. a F., all'inizio delle ostilità lasciava volontariamente l'ufficio contabilità per salire al forte ed assumere il comando di un pezzo. Durante violentissimo e preciso tiro di controbatteria nemica, pur conscio dell'inesorabile sorte della sua torre, con l'esempio animava i serventi del suo stesso magnifico slancio.
> Colpita in pieno la torre, lui stesso ustionato e mortalmente ferito, con sovrumano sforzo e sublime altruismo salvava dal rogo quanti più serventi poteva e cedeva ai suoi soldati feriti la barella che gli toccava per turno. Lasciava poi il forte incitando e gridando ai compagni la consegna del Duce. Nel delirio dell'agonia una sola visione illuminava il supremo olocausto: il fuoco del suo cannone per la vittoria e la grandezza della Patria. Luminoso esempio di eroismo e di fede.
> Forte Chaberton, 21 giugno 1940.

Sulla costa ligure, la mattina del 21 giugno una compagnia di fanteria italiana della *Cosseria* proveniente da Ventimiglia cercò invece di forzare lo sbarramento confinario francese di Pont Saint Louis, costituito da un possente fortino in cemento simile come concezione a quelli della linea Maginot, ma venne anch'essa respinta dalle scariche della mitragliatrice francese lasciando sul terreno alcuni morti e numerosi feriti. Il successo contro l'assalto italiano fu soprattutto merito della pronta reazione dei reparti francesi asserragliati nel fortino situato presso il ponte e dotato di fucili mitragliatori puntati verso l'asse stradale e di un piccolo mortaio.

Davanti alla casamatta del fortino i francesi avevano innalzato uno sbarramento, contro cui si erano lanciati i fanti italiani, mentre anche la strada che conduceva a Mentone era stata minata e protetta da reticolati. Il forte francese di Pont Saint Louis dipendeva peraltro dalla batteria da 75 mm dislocata a Cap Martin e addestrata per sparare sulla via litoranea oltre il ponte (cioè in territorio italiano), svolgendo quindi la funzione, oltreché di sbarrare la strada alle truppe italiane, di importante osservatorio per il forte di Cap Martin, vero e proprio fulcro del sistema difensivo francese lungo il litorale. L'artiglieria non fu sufficiente a neutralizzare le fortificazioni avanzate. Alle ore 10 un battaglione della Divisione *Cosseria* venne fermato dal fortino francese che presidiava il posto di frontiera di Pont Saint Louis, tenuto da un distaccamento del 76eme *Batallion Alpin de Fortresse*, mentre un altro riuscì a raggiungere le prime case di Menton. Sopraggiunsero altri reparti che però si arrestarono di fronte alle fortificazioni intorno a Castellar.

Alla stessa ora, più a nord, la divisone *Modena* mosse all'attacco contro la linea fortificata francese, ma il tiro incrociato delle armi automatiche e il potente fuoco di sbarramento proveniente dalla linea di resistenza francese, posizionata su Mont Ours, Mont Agel e Cap Martin, impedirono qualsiasi movimento.

Nelle stesse ore del fallito assalto al fortino di Pont Saint Louis, le forze italiane passarono al contrattacco nel settore della Roia a est di Breil e nella zona dell'Aution, da dove però dovettero presto ritirarsi a causa della fulminea reazione da parte dell'artiglieria nemica.

Così Ciano riassunse gli avvenimenti della giornata nel Diario, sottolineando la delusione di Mussolini per come si stavano mettendo militarmente le cose per gli italiani:

21 GIUGNO – Alfieri comunica le condizioni germaniche di armistizio. Le esaminiamo col Duce e Badoglio. Sono condizioni misurate che provano la volontà di Hitler di arrivare presto all'intesa. In queste condizioni Mussolini non si sente di avanzare pretese di occupazione territoriale: ciò potrebbe provocare una rottura di negoziati e causare una vera e propria crepa nelle nostre relazioni con Berlino. Quindi si limiterà a chiedere la smilitarizzazione di una fascia territoriale di frontiera di 50 km, salvo avanzare le nostre richieste al momento della Pace. Mussolini è molto umiliato dal fatto che le nostre truppe non hanno fatto un passo avanti: anche oggi non sono riusciti a passare e si sono fermati di fronte alla prima opera fortificata francese che ha reagito. In Libia, un generale si è fatto prendere prigioniero. Mussolini se la prende col popolo italiano: "È la materia che mi manca. Anche Michelangelo aveva bisogno del marmo per fare le sue statue. Se avesse avuto soltanto dell'argilla, sarebbe stato soltanto un ceramista".
"Un popolo che è stato per sedici secoli incudine, non può, in pochi anni, diventare martello". Anche il cerimoniale di Hitler per la firma dell'armistizio fa, sul Duce, molta impressione. Ecco spiegato perché non è stata voluta dai tedeschi la Commissione Unica.

Dopo la richiesta di armistizio da parte del nuovo governo francese presieduto dal maresciallo Pétain, Mussolini, ansioso di occupare quanto più territorio francese fosse possibile, decise di passare all'offensiva su tutto il fronte alpino diramando l'ordine di attacco al Gruppo Armate Ovest alle ore 3,05 del 22 giugno.

Ricevuto l'ordine alle 5, il generale Pintor impartì alcune disposizioni, che - per quanto concerneva il settore delle Alpi Marittime - si concretizzarono nell'ordine di esecuzione dell'*Operazione R (Riviera)*, poi condotta dalle truppe del XV Corpo d'Armata agli ordini del generale Gastone Gambara, con l'obiettivo dichiarato di penetrare in territorio francese lungo la litoranea in direzione di Nizza, Tolone e Marsiglia.

A tal fine furono schierate nella zona di Mentone due divisioni, la *Modena* e la *Cosseria*, di cui la prima, schierata a nord del Grammondo e del Passo di Treitore, costituiva il perno del settore di Castillon e delle pendici del Monte Ours, mentre la seconda, allineata a sud di Cima Longoira fino al mare, avrebbe dovuto avanzare lungo la linea Granges- Saint-Paul- Roquebrune mantenendosi alla distanza di due o tre chilometri dalla fascia costiera.

Alle prime luci dell'alba del 22 giugno il generale Gambara diede quindi l'ordine di attacco a tutte le unità italiane dislocate nel settore di Mentone, e in particolare a quelle delle divisioni *Modena* e *Cosseria*, che incontrarono però una fortissima resistenza concentrata soprattutto nei presidi dello Scuvion, Pierre Pointue e Balmetta.

Alle 10 del 22 giugno la *Modena* iniziava l'attacco su due colonne: quella di destra comprendeva il 41° reggimento fanteria, il XXXIV battaglione CC.NN. *Savona* ed una compagnia del II battaglione del 42°: la colonna puntava su Monte Mera; quella di sinistra, composta dal 42° reggimento e dal XXXVI battaglione CC.NN. *Genova*, i *Mai Morti*, per passo Treiton (nord ovest di Monte Grammondo)- Colla Bassa- Picco della Sella- Castillon- Monte Ours, puntava su Monte Ongran.

La divisione venne ferocemente contrastata dagli *Chasseurs des Alpes* a Colla Bassa e a Monte Raget, ma, sotto una pioggia battente, il XXXIV battaglione CC.NN., rinforzato dal II battaglione del 41° fanteria, riuscì a conquistare il Colle Raget ed a mantenervisi nonostante la violentissima reazione dell'artiglieria francese. Le motivazioni delle due medaglie d'Argento alla memoria concesse a membri del XXXIV bastano a rendere l'idea della durezza dei combattimenti sul Razet ed a passo Cuore.

Nell'azione il capomanipolo Carbonetto assaltò di propria iniziativa una postazione di mitragliatrici riuscendo a neutralizzarla, rimanendo ucciso, e guadagnandosi la Medaglia d'Argento alla memoria con la motivazione seguente:

> Comandante di plotone comando di compagnia, con pronta iniziativa raccoglieva un nucleo di militi volontari e li guidava contro un centro di fuoco nemico. Colpito a morte nell'ardita azione, perdeva la vita sul campo.

Un'altra Medaglia d'Argento alla memoria fu conferita al vice caposquadra Mario Oddone, ucciso dai francesi mentre, gravemente ferito, veniva allontanato in barella:

> Vice caposquadra fuciliere, reduce della guerra d'Etiopia, animosamente si prodigava con la propria squadra in aspri combattimenti per la conquista di munite posizioni. Due volte ferito, sopportava con fiero stoicismo le sofferenze, incoraggiando i compagni a perseverare nell'azione. Durante il trasporto al posto di medicazione, veniva ancora una volta colpito e mortalmente.

Nelle *Cantate dei Legionari sul fronte occidentale* la resistenza del battaglione venne così ricordata, con riferimento al motto del battaglione, *Frego la morte*:

> La morte fregò noi del Trentaquattro:
> da cima di Grammondo a Passo Cuore
> pestavano i franciosi a tutte l'ore:
> "O matti o eroi" – dicevano i monsiù.
> La morte colse fiori al Trentaquattro
> ma se ritorna non ci frega più.

Lo stesso giorno 22, il treno armato 120/2/S della Regia Marina, munito di quattro pezzi da 120 mm, con sede Alberga, ricevette l'ordine di portarsi a Ventimiglia e di mettersi a disposizione del comando del XV Corpo d'Armata, per appoggiare l'avanzata delle fanterie verso il territorio francese. Il treno prese posizione appena fuori dalla galleria Hambury e aprì il fuoco contro le postazioni francesi di Cap Martin;, in mezz'ora sparò 232 colpi, ma, dopo esser stato inquadrato dal fuoco nemico, si ritirò nella galleria. Nel pomeriggio ricevuto l'ordine di riprendere il bombardamento, uscì dalla galleria vero le 14.00, ma vemme subito inquadrato dalle batterie di Cap Martin, prima che potesse essere messo in batteria. Una salva provocò lo spostamento del convoglio e un pezzo già brandeggiato si incastrò nel muraglione, il treno armato impossibilitato a muoversi continuò ad essere bersagliato dalle granate.

Il comandante del convoglio, tenente di vascello Giovanni Ingrao[18], ordinò al personale di riparasi in galleria , mentre con cinque volontari sganciava la santabarbara dal convoglio, al fine di portarla al coperto in galleria. Purtroppo, finita la manovra i sei uomini vennero colpiti da una granata. Solo dopo un'ora e mezza di tentativi sotto il fuoco, il treno poté retrocedere in galleria,vi furono 9 caduti e 14 feriti. Al tenente di vascello Ingrao fu concessa la Medaglia d'Oro alla memoria con la seguente motivazione:

> Al comando di un treno armato impiegato allo scoperto per tutto il mattino del giorno 22 giugno, in prolungata ed intensa azione di fuoco, dava brillante prova di perizia e di sereno ardimento ed otteneva con tiro insistente e preciso, evidenti risultati su formidabili postazioni fisse del nemico. Per appoggiare in modo efficace l'avanzata delle truppe operanti, nel pomeriggio riconduceva con fredda determinazione in località esposta il treno, subito individuato dal nemico e battuto da preciso tiro distruttivo. Dopo aver tentato invano di ricoverare in galleria il treno seriamente colpito, trascinava, votando a sicuro sacrificio la sua esistenza, un pugno di animosi a distaccare, sotto violentissimo bombardamento, la Santa Barbara dagli altri carri, onde evitare la distruzione degli uomini, del materiale e della linea.
> Immolava nella generosa e ben riuscita impresa, la sua vita alla Patria, lasciando di sé esempio fulgido e fecondo di sublimi virtù militari
> Costa Ligure, 22 giugno 1940

Al resto dell'equipaggio, compreso il personale FF:SS. vennero concesse 13 medaglie d'argento, 22 di bronzo e 55 croci di guerra. Il giorno seguente vennero fatti giungere a Ventimiglia i treni armati i 5 e 1 , assegnati alle tratte Genova – Recco e Savona -Vado Ligure, che entrarono in azione per supportare le fanteria avanzante su Mentone.

Venne deciso di approntare in posizione sopraelevata un osservatorio da cui dirigere il tiro dei due treni armati contro le batterie nemiche di Cap Martin, i due treni si divisero gli obbiettivi: il treno con i pezzi da 120mm, battè le batterie a sud di Cap

---

[18]Ingrao, palermitano, era anche uno stimato studioso, Direttore dell'Osservatorio di Geofisica di Pavia e insegnante nell'Istituto di Geofisica della stessa città: cfrhttp://www.marina.difesa.it/noi-siamo-la-marina/storia/la-nostra-storia/medaglie/Pagine/IngraoGiovanni.aspx

Martin, mentre quello con i pezzi da 152mm, battè le batterie a nord.
Nel corso dell'azione, vennero sparati 150 colpi da 120mm e 208 da 152mm, questa volta grazie ad una pioggia torrenziale, le batterie nemiche non riuscirono ad individuare i due treni armati.

In Val di Susa, nel settore del Monginevro, le operazioni erano di competenza del 4° Corpo d'Armata, ma furono sostenute anche da reparti della 1a Armata, coi Comando a Bardonecchia, L'attacco che dal Monginevro era iniziato con ritardo alle 08.30 del 23 giugno, dopo un intenso fuoco di preparazione da parte dell'artiglieria italiana del 4° Corpo d'Armata del generale Camillo Mercalli, con le divisioni *Assietta* (generale Emanuele Girlando) e *Sforzesca* (generale Alfredo Allearo), a cui fu messa a disposizione dal Comando d'Armata la divisione *Legnano* (generale Eduardo Scala). Si contava anche su un'azione sull'alta Val Clairée da parte dell'ala sinistra del 1° Corpo d'Armata, che però cominciò a profilarsi solo l'indomani. Al bombardamento, che si svolse con grande violenza per mezz'ora, a cui collaborarono le uniche due torri di cannoni da 149 mm rimaste intatte nel forte dello Chaberton, la 7° e 8° della 515a Batteria GaF, anche dopo che i mortai francesi da 280 mm avevano riaperto il fuoco dal forte dell'Infernet, senza risultati, anche a causa delle nebbie che impediva di localizzare gli obiettivi.
Nonostante la reazione violenta delle artiglierie francesi dei forte Janus e Gondrand della Piccola Linea Maginot, che sebbene controbattuta delle batterie italiane, ebbe un effetto più micidiale, perche con tiri effettuati su un ammassamento di truppe allo scoperto.
Ciò nonostante i fanti della 6a e 7a compagnia del 30° reggimento fanteria della *Assietta*, con l'appoggio di una compagnia mortai da 81 mm e dalla batteria d'accompagnamento da 65 mm del 25° reggimento artiglieria divisionale, alle 12.15 assaltarono e conquistarono alla quota di 2.459 metri il forte di Gondran, sul monte Chenaillet, dalle postazioni in caverna e armato con quattro cannoni da 95 mm. Si arresero i diciannove uomini della guarnigione, due dei quali, gravemente feriti, decedettero successivamente. Falli invece il successivo tentativo per conquistare il ben più importante forte Janus, con un colpo di mano, da parte di una formazione della Guardia alla Frontiera.
La conquista del monte Chenaillet, e il fatto che l'*Assietta* continuando ad avanzare con successivi attacchi raggiunse Créte du Serre Blanc, abbandonata dai francesi, e les Fraches dove si consolidò, permetteva di avere in mano degli italiani tutta la linea degli avamposti a sud della strada del Monginevro.
Nello stesso tempo, nonostante le difficoltà incontrate dalla *Sforzesca*, una compagnia del 53° fanteria riuscì ad arrivare fino a Les Alberts, allo sbocco della Val della Clairée. Alle 18.30 i reparti di fanteria della *Sforzesca*, sfiniti dalla fatica, furono sostituiti in linea dalle batterie ippotrainate dal 58° Reggimento artiglieria della Divisione Legnano, mente il 17° Reggimento Artiglieria *Sforzesca* andò in appoggio dei reggimenti di fanteria della Legnano anch'essi in linea[19].
Nel frattempo, nel corso della mattinata del 23 giugno le truppe del settore

---

[19] Mattesini 2020 pp. 44-45

Germanasca Pellice, riunite nel 3° Raggruppamento alpino al comando del colonnello Emilio Faldella, ebbero l'ordine, dal Comando della 4a Armata, di proseguire *audacemente* su Château Queras e sul Col dell'Izoard, per aggirare le posizioni di Abriès, dove i francesi stavano opponendo una forte resistenza ed anche un attacco di sorpresa di una pattuglia che aveva causato perdite ad una compagnia della *Pinerolo*. Inoltre anche in questa zona si stava verificando iuna crisi di afflusso di rifornimenti alle truppe in linea, che giungevano soltanto attraverso poco agevoli mulattiere con l'impiego dei muli. In appoggio, in modo intermittente per scarsa visibilità, intervennero allora i cannoni da 149/35 del 70° Gruppo artiglieria, che effettuavano tiro d'interdizione dal fondovalle, e i pezzi delle batterie alpine *Val Chisone* e *Susa*.

L'attacco, che sarebbe dovuto avvenire *a qualunque costo* all'alba del 25 giugno e che aveva come obiettivo un'azione avvolgente intorno ad Abriès, *per giungere sul rovescio del sistema fortificato avversario*, a cui dovevano partecipare anche due compagnie di alpini del battaglione, il *Susa* e uno della Divisione *Pinerolo*, non si realizzò a causa dell'entrata in vigore del cessate il fuoco, a sei ore di distanza dalla firma dell'armistizio, ossia alle 01.35, quando si sarebbe potuta occupare Briançon, operazione impedita il 24 giugno da una tempesta di neve[20].

Nel frattempo le operazioni dovevano avvenire anche all'estrema sinistra del 1° Corpo d'Armata rimasta fino ad allora inattiva. Ciò doveva avvenire dalla parte del Colle della Scala (Col de l'Échelle), a Bardonecchia, del Colle di Thurres e del Col des Acles, in Valle Stretta, scendendo sulla strada che in Val della Clarée porta al paese di Névache, a fondo valle sulla rotabile del Monginevro. Per la puntata offensiva, che dirigendo a sud aveva l'obiettivo di raggiungere sul fianco le fortificazioni di Briançon, furono assegnati i primi battaglioni del 13° e 14° Reggimento fanteria distaccati dalla Divisione Pinerolo, e il XXVII° battaglione CCNN non ancora impegnato, appoggiati da un gruppo di artiglieria alpina con cannoni da 75 mm[21].

Il giorno 23 la *Modena* non riuscì a proseguire l'avanzata per la strenua resistenza francese; il XXXIV battaglione CC.NN. ed il II battaglione del 41° fanteria *Modena*, duramente provati, sfiniti dalle perdite, dai disagi e dalla stanchezza, furono sostituiti sulle posizioni raggiunte, dal III battaglione del 41°. Il Colle Raget, perduto e poi ripreso dal III del 41° dopo un'ora di furioso combattimento, rimase in nostro possesso.

A loro volta le Camicie Nere del XXXVI, i *Mai Morti* genovesi giunti prima su Monte Butetta, Monte Abò e infine su Monte Ongran, andarono all'assalto insieme ai fanti del 42° reggimento, cantando *Giovinezza* e riuscirono a conquistare le posizioni assegnate strenuamente difese dai francesi, attaccando sotto il diluvio e il fuoco delle mitragliatrici francesi, arrampicandosi sui roccioni, e tempestando di granate dall'alto gli *Chasseurs*:

---

[20] USSME, *Le Operazioni...*, cit,, p. 186-187.
[21] Mattesini 2020, loc. cit.

> "Mai morti" o genovesi. Al Trentasei
> si canta in rango sotto la mitraglia,
> la pioggia sferza, infuria la battaglia
> e va in barella tanta gioventù...

Due Camicie Nere dei *Mai Morti* si guadagnarono la Medaglia d'Argento alla memoria, la Camicia nera Armando Leale e la Camicia Nera scelta Giuseppe Marsano, ucciso mentre soccorreva un fante ferito:

> Leale Armando, Camicia Nera 36° btg CC.NN (alla memoria)- Porta arma di squadra mortai da 45, disimpegnava impavido il suo compito, sotto violento fuoco nemico. Colpito mortalmente da scheggia di granata, incitava i compagni a procedere verso la vittoria e incurante del suo stato, si preoccupava soltanto che l'arma venisse affidata ad un camerata fervente della stessa sua fede- Degna figura di legionario anziano, esempio costante ai giovani di dedizione al dovere, fino all'offerta suprema.

> Marsano Giuseppe, Camicia Nera 36° btg CC.NN (alla memoria)- Porta feriti di compagnia Camicie Nere, sotto violento fuoco di artiglieria, si lanciava a soccorrere e trasportare al posto di medicazione un fante gravemente ferito. Adempiva la pietosa missione serenamente, incurante di ogni pericolo, assistendo e rincuorando il moribondo, finché cadeva a sua volta mortalmente ferito. Esempio di nobile cameratismo e di altissimo spirito di sacrificio.

Una colonna della *Cosseria*, che avanzava lungo la costa, dovette arrestarsi di fronte allo sbarramento di Pont Saint Louis, punto obbligato di transito per entrare a Mentone, presso le cui prime abitazioni erano riusciti ad arrivare alcuni reparti del II° battaglione del 90° reggimento fanteria già verso il mezzogiorno del 22.
La mattina dello stesso giorno si verificò peraltro uno dei più gravi episodi della battaglia di Mentone, ossia la distruzione del treno armato n. 2 della Regia Marina italiana, fatto saltare allo sbocco della galleria di Mortola da una salva sparata dalla batteria francese di Cap Martin.
Alle 22,45 iniziarono invece i preparativi per uno sbarco sul tergo delle linee francesi, che però, a causa del numero insufficiente di imbarcazioni e di problemi legati all'avviamento dei motori, fu rinviato dall'ammiraglio Giovanola al giorno successivo. Sempre la mattina del 22 alcuni reparti della divisione *Ravenna* avevano sferrato un violento attacco nel settore della Roia in direzione di Breil e Fontan, dove furono respinti da un battaglione francese, mentre davanti all'Aution il 38° reggimento di fanteria dovette rinunciare al progettato assalto per l'energica reazione dell'artiglieria transalpina.
Nonostante l'annuncio della stipulazione dell'armistizio tra il governo francese e quello tedesco alle 18,30 del 22 giugno, Mussolini impartì egualmente l'ordine di espugnare Mentone.
Nella zona, alle prime luci dell'alba del 23, le forze della *Modena* tenevano le coste del Razet e accerchiavano i forti dello Scuvion e di Pierre Pointue, mentre altri reparti della stessa divisione cominciavano ad infiltrarsi nei dintorni di Castellar. Quattro battaglioni della *Cosseria* erano invece concentrati nel triangolo Baousset- Colle-

Pont Saint Louis, dove trascorsero la notte tra il 22 e il 23 sotto una pioggia torrenziale.

Tra le 9 e le 10 di mattina del 23 alcuni distaccamenti italiani del 41° reggimento fanteria passarono decisamente al contrattacco tentando di espugnare il colle del Razet, che però venne strenuamente difeso con successo da una postazione francese armata di mitragliatrici e mortai agli ordini del maresciallo capo Vignau.

Poche ore dopo due battaglioni di Camicie Nere iniziarono a penetrare nella zona a nord di Mentone raggiungendo il torrente Borrigo, mentre reparti francesi avanzati riuscivano ad attestarsi verso la sera del 23 nei pressi del convento dell'Annunziata.

Poco prima delle 11 di mattina un drappello appartenente al 90° reggimento di fanteria italiano aveva tentato di espugnare da tergo il fortino di Ponte San Luigi salendo dal boulevard di Garavan.

Sotto una fitta gragnola di bombe a mano, gli italiani tentarono la scalata attraverso i gabinetti della struttura, il muro di sostegno e la dogana portandosi a soli tre metri dal fortino, ma si dovettero alla fine ritirare per la rabbiosa reazione dei francesi che li investirono con raffiche di mitra e lancio di bombe. Verso le 18, reparti italiani, costituiti soprattutto da Camicie Nere e truppe d'assalto, approfittando della fitta nebbia, attaccarono le siepi di reticolati del forte Cap Martin, ma dovettero anche qui sospendere l'assalto di fronte al fuoco incrociato di mitragliatrici abbinate a mortai da 81 mm, che li costrinsero a ritirarsi verso Mentone Vecchia.

Per scongiurare il pericolo che gli italiani tornassero all'attacco della linea di resistenza favoriti dalla nebbia e dall'oscurità notturna, una compagnia di fucilieri senegalesi di riserva alla Turbie decise allora di avanzare su Ricard con due compagnie motorizzate della Divisione Alpi Marittime per le strade a mare e a monte. Più tardi il comando francese ordinò un ripiegamento all'Annunziata e a Maison Tardieu, mentre, durante la notte, alcune pattuglie avanzate del battaglione alpino si portarono fino a Gorbio senza incontrare alcuna resistenza da parte degli italiani, che nel frattempo avevano rinunciato ad uno sbarco di unità mobili sulla spiaggia di Mentone.

Nel settore alpino i francesi si ritrovarono attaccati dove non se lo aspettavano. Da ricordare l'azione del battaglione *Val Cordevole* del 7° Alpini, che scendendo dal Col du Mont, protetto dalla nebbia, riuscì a raggiungere il fondo valle, superò tre successivi sbarramenti nemici e giunse nel pomeriggio a la Motte. I francesi erano stati colti di sorpresa perché aspettavano l'attacco italiano dall'alto e non certo dal fondo valle.

Nel settore della divisione *Cagliari*, il 64° Reggimento venne bloccato dal terreno minato e disseminato di ostacoli anti-fanteria e anticarro. Per assisterlo, fu allora deciso di inviare un battaglione del 231° reggimento *Brennero* e il IV battaglione fanteria carrista.

Due CV35 finirono sulle mine antiuomo della stretta strada a scogliera, fermando l'intera colonna e permettendo ai mortai e ai cannoni delle fortificazioni francesi di eliminare altri carri armati che seguivano, proprio come era accaduto sul Piccolo San Bernardo, a dimostrazione che in alta montagna, di fronte a opere fortificate anche se prive di cannoni controcarro, l'impiego dei carri armati era da evitare. Anche la fanteria italiana stava avanzando molto lentamente sotto il fuoco micidiale dei cannoni e delle mitragliatrici francesi ben mimetizzate.

Tuttavia, gli italiani continuarono ad andare avanti, lasciando indietro alcuni reparti per rastrellare il terreno conquistato. Il battaglione alpini *Val Cenischia*, che costituiva la colonna di sinistra dell'avanzata, non incontrò alcuna resistenza mentre attraversava il Col d'Étache e il Col de Bramanette e giunse alle spalle del Fort de la Balme, a un paio di chilometri a sud della colonna della Divisione Cagliari. Le fortificazioni furono prese il 23 giugno dalla forze della *Cagliari*, che, raggiunte dal reggimento *Nizza Cavalleria*, continuando l'avanzata fino a raggiungere Le Planay a soli 3 chilometri da Modane, e si trovavano con le avanguardie avanzate rispetto gli avamposti fortificati in prossimità della barriera sabauda dell'Esseillon, che su cinque ridotte era in posizione elevata rocciosa a 6 chilometri a nord di Modane. Durante il movimento a tenaglia in Val d'Arc il 24 giugno, l'avanzata si estendeva in profondità di circa trenta chilometri dal confine occidentale italiano e si prolungava per 40-45 chilometri lungo la Maurienne. L'obiettivo fondamentale era di raggiungere Modane, a 19 chilometri dal passo del Moncenisio, attaccando da due lati, e quindi anche dalla parte del passo del Fréjus, dove sul versante francese si trovava una strada sterrata militare che permetteva di arrivare a Fourneaux, 2,6 chilometri a sud di Modane[22].

Anche l'XI battaglione CC.NN. insieme agli alpini del battaglione *Susa* nel settore del Moncenisio riuscì a sorprendere le difese francesi: sceso dal Monte Rocciamelone e dal ghiacciaio omonimo lungo la valle del Ribon nella valle dell'Arc, gli alpini riuscirono a sorprendere le postazioni difensive francesi del Moncenisio che vennero sopraffatte.

Dopo la difficile discesa dal ghiacciaio e dopo dodici ore di marcia forzata nella tormenta nella valle del Ribon le Camicie Nere in avanguardia, seguiti dal *Susa*, sorpresero i francesi. Come riferì poi un ufficiale francese caduto prigioniero, la colonna italiana venne scambiata dagli osservatori nemici come truppa francese, ritenendo impossibile che degli uomini potessero scendere dal ghiacciaio del Rocciamelone; i francesi del forte della Petite Turra, con la colonna italiana sotto tiro e con la possibilità di annientarla, non spararono neppure un colpo.

Sempre nel settore del Moncenisio, i reparti della divisione *Cagliari* con ancora l'XI Camicie Nere raggiunsero Bramans, nella valle dell'Arc, mentre gli uomini della divisione *Brennero* e le Camicie Nere veronesi del XL battaglione CC.NN. attaccarono i forti francesi del Moncenisio.

Nel settore del Piccolo S.Bernardo gli alpini delle divisioni *Tridentina* e *Taurinense* insieme a reparti motorizzati della divisione *Trieste* raggiunsero la Val d'Isere entrando in contatto con le postazioni nemiche di Bourg St.Maurice.

La 2a divisione alpina *Cuneense*, su diverse colonne, il 24 raggiunse la Montagne de Cristillan, la Combe Bremond, Maurin e la Blachière assumendo il controllo dell'alta valle dell'Ubaye, gli alpini si infiltrarono oltre il colle della Gippiera, arrivando al Lac Premier.

Nel settore di Traversette il mattino del 22 l'avanzata riprese con in coda i carri CV35 del 33° reggimento carri della divisione *Littorio,* incontrando però uno sbarramento

---

[22]Mattesini 2020, p.30

di mine. Il carro di testa saltò sulla prima mina bloccando la colonna. Non avendo individuato subito la causa ci si fermò pensando a tiri d'artiglieria. I progressi sul restante fronte andavano avanti, ma di linee francesi di resistenza non c'era ombra. Erano cadute a caro prezzo molte postazioni in ridotta ma non il forte di Traversette che continuava a dirigere il fuoco delle artiglierie francesi arretrate. A queste postazioni dei Francesi si aggiungevano le *Sections Eclaireurs Skieurs*. Splendide truppe da montagna composta di gente del posto, che spariva in un attimo nei boschi e nella nebbia dopo aver colpito le pattuglie italiane. Di rincalzo alla *Trieste* venne inviata anche la Divisione Trento con i suoi carri e il IV bersaglieri.

Nel settore di Bardonecchia il battaglione *Val Dora* del 3° Alpini, appoggiato dalla 49a batteria del gruppo artiglieria alpina *Val Chisone* con cannoni da 75/12, il 21 andò all'attacco dal valico del Col de La Peluse (a 2.797 metri sul livello del mare) mentre i reggimenti di fanteria 91° e 92° della *Superga*, e le Camicie Nere del XVII battaglione d'assalto *Crema*, appoggiati dal 5° reggimento artiglieria, dopo aver raggiunto nei giorni 21 e 22 giugno la cima dell'Argentier e il lago di Batailléres in Valle Stretta di Bardonecchia, spostando il centro della gravità delle operazioni, scendendo dal costone del monte Fréjus (2.936 metri), cercavano di superare su un terreno difficilissimo le difese francesi in quattro direzioni. L'obiettivo della *Superga* era quello di raggiungere Saint-Jean-de-Maurienne, da dove raggiungere qualsiasi località pianeggiante della Savoia, in particolare Arbertville e Chambery.

L'avanzata in direzione di Fourneaux, venne assegnata al *Val Dora* e al III° battaglione del 91° reggimento ed ai cremaschi del XVII battaglione CCNN, si svolse con il favore della nebbia, appoggiata anche dai quattro cannoni (due da 120 e due da 149 mm) del forte Bramafam di Bardonecchia. Ma il mattino del 24 giugno l'avanzata venne fermata sulle posizioni raggiunte in prossimità di Fourneaux, dalla resistenza delle fortificazioni del Pas–du–Roc, dove attacco il Val Dora, e dell'Arronda, obiettivo del III battaglione dovette fermarsi. L'arresto fu dovuto al fuoco dell'artiglieria francese, che però, secondo quanto risulta nell'elenco delle perdite, causò al *Val Dora* un solo morto e nessun ferito, mentre invece le condizioni atmosferiche causarono al battaglione alpini 98 congelati, costringendo il comandante interinale del battaglione di darne notizia ai suoi superiori con un drammatico telegramma.

L'attacco all'Arronda venne ripetuto dai fanti dal 3° Battaglione verso le 11.00 ma senza riuscire, sebbene le perdite dovettero essere lievi, se nel corso di tutta la campagna il 91° Reggimento perse soltanto 9 uomini, ebbe 25 feriti, mentre alto fu il numero dei congelati che arrivò a 221. In totale i congelati della Divisione Superga arriveranno al numero di 548, mentre i morti furono 42 e i feriti 140, i dispersi furono 19: ancora una volta le condizioni atmosferiche sin rivelarono più pericolose dei francesi.

Occorrevano rinforzi, scrive Mattesini, per sostituire i reparti più provati, e pertanto alle 18.00 del 24 giugno il Comando della 4a Armata emanò un serie di ordini, che riguardavano anche il settore della Divisione Superga. Fu ordinato al 3° Gruppo Alpini del colonnello Emilio Faldella, con i battaglioni *Esille* e *Val Fassa*, e al 92° reggimento fanteria, di puntare dalla Valle Stretta di Bardonecchia verso nord, con obiettivi Oriella e Freney a valle di Modane, mentre un battaglione del 91° fanteria

avrebbe dovuto raggiungere il battaglione alpini *Val Dora* a Mont Rond
Nello stesso tempo, senza rinunciare ad impiegare dalla Val d'Arc alcuni reparti e il battaglione alpini *Val Cenischia* verso l'Esseillon e Modane, dove più forti erano i nuclei di resistenza francesi, il Comando della 4a Armata ordinò alla Divisione *Cagliari* e al 4° Reggimento Bersaglieri giunto come rinforzo, di muovere indirezione opposta, risalendo la valle verso Termignon, convergendovi assieme alle forze della *Brennero*, allo scopo di completare l'accerchiamento delle fortificazioni del Petit Turra e del Revet, che continuavano a sbarrare la discesa della *Trento* sulla strada n. 6 del Moncenisio, accerchiamento che in realtà era in pratica già avvenuto con l'arrivo a Termignon del battaglione alpini *Susa* e dell'XI CCNN.

> Questo convergere di ben tre Divisioni contro le opere fortificate di modesta rilevanza, contro le quali sarebbe stato più efficace un intenso e ben diretto fuoco di qualche batteria di medio calibro, isola gli sforzi che dovrebbe compiere la Divisione *Superga* contro il rovescio di Modane. Fornisce però un'idea di quanto fosse fastidiosa per il comando della 4a Armata, ancora teso verso rapide avanzate lungo le rotabili, la resistenza ad oltranza di alcuni avamposti francesi. Anche se questa fosse cessata, la Divisione *Trento* avrebbe ugualmente urtato contro rilevanti distruzioni lungo la strada e poi contro le fortificazioni della zona di Modane. Solo l'afflusso in Val d'Arc di rilevanti aliquote di artiglieria avrebbe consentito, col tempo, di superare lo sbarramento fortificato. Gli ordini ora descritti, sono impartiti intorno alle 18 dal Comando della 4a Armata non troveranno il tempo per l'inizio della loro attuazione prima dell'entrata in vigore dell'armistizio[23]

Nonostante si avvicinasse l'ora dell'armistizio, i combattimenti continuarono violenti fino all'ultimo minuto, prima che arrivasse l'ordine di sospendere il fuoco, alle 01.35 del 25 giugno. L'ordine trasmesso da Roma, al di fuori delle possibilità di reparti logorati dall'intenso impiego di tre giorni di combattimenti, era di cercare di conquistare ovunque un'estensione di terreno francese di 60 chilometri dal confine italiano. Le avanzate furono molto meno profonde. Tuttavia, poiché le fortificazioni francesi di montagna e di fondo valle venivano aggirate, nonostante le tante osservazioni dei nostri cugini d'oltralpe che ne hanno vantato la loro efficienza difensiva e la combattività, i difensori, dalle loro posizioni fisse, non potevano più fare molto per evitarlo.
L'intera Val d'Arc e tratti della Val d'Isére erano in mano italiana[24].
Sul Moncenisio-prosegue il Mattesini- la situazione era sempre di stallo, dal momento che non si riusciva a neutralizzare le postazioni difensive francesi che controllavano la strada RN 6, impedendo al IV battaglione del 1° Fanteria carrista e i primi reparti della Divisione motorizzata Trento di poter scendere a valle con i suoi mezzi e artiglierie. La reazione italiana avvenne con i quattro pezzi da 149/35 del Forte Paradiso sul Moncenisio, il cui tiro procurò gravi danni alle fortificazioni francesi dei forti della Petite Turra e del Revel, ma senza riuscire a neutralizzarli, e ciò determinò che il IV battaglione carri e la *Trento* non poterono fornire alcun aiuto

---

[23] USSME, *Le operazioni...*, p.194
[24] Mattesini 2020, p. 41.

concreto alle forze del 1° Corpo d'Armata in Val d'Arc. Per evitare la completa paralisi, sul Piccolo Moncenisio si stava lavorando per migliorare la carreggiata e permettere a piccoli mezzi di percorrerla per facilitare i rifornimenti, e per consentire il passaggio del Reggimento *Nizza Cavalleria* e di un battaglione carri CV35 del Raggruppamento celere di Armata

Venne richiesto l'appoggio aereo, che non poté realizzarli perche i Gruppi della 1a Squadra Aera erano impegnati a sud per appoggiare l'avanzata della 1a Armata del generale Pietro Pintor, che aveva conquistato la città marittima di Mentone, e in quanto sul Moncenisio vi era un copiosa caduta di pioggia e neve, che ostacolava il movimento di uomini e mezzi, a cui gli scrittori francesi hanno dato nessuna importanza; anzi, in particolare Azeau, facendo dell'ironia, ma riconoscendo anche che gli italiani avevano avuto nel corso di quella breve campagna un forte numero di congelati, che non ebbero i francesi al sicuro dalle intemperie nelle loro fortificazioni protette, anche se ugualmente per loro il freddo si faceva sentire.

Come ricordato dal Mattesini, le tormente di neve sul Moncenisio del 23 e 24 giugno, che in certi punti raggiungeva i 3 metri con la temperatura scesa 5° sotto zero, di notte addirittura a 20° in alta montagna, paralizzando la marcia, di mezzi e uomini, con equipaggiamento e divise inadeguate, furono probabilmente, il miglior alleato francese, assieme alla morfologia del territorio e la distruzione dei ponti. Esse determinarono ulteriori difficoltà logistiche per il passaggio dei rifornimenti alle divisioni Cagliari e Brennero poiché avvenivano soltanto con le salmerie attraverso alcuni valichi minori. Quando le prime avanguardie della *Cagliari*, quelle del 63° e 64° fanteria ora rinforzata dal 1° Reggimento bersaglieri motociclisti sceso dal Piccolo Moncenisio, superato Bramham si trovava nei boschi che costeggiavano la riva sinistra dell'Arc, essendo presso il torrente Saint Anne si trova a contatto con gli avamposti delle fortificazioni di Modane. Le avanguardie avevano ormai sorpassato a valle le difese dei forti Saint-Gobain a Villarodin, il Fort de La Balme e della barriera di Esseillon, da cui partiva un continuo cannoneggiamento, e si trovavano a Le Planay a soli 3 chilometri da Modane, dove vi erano ancora possibilità venisse aggirato, con l'arrivo di rinforzi e un attacco più deciso, dalla Divisione *Superga* alle porte di Fourneaux. Ma a questo punto l'attacco già rallentato il 23 giugno, con le condizioni atmosferiche ancora peggiorate, fu poi sospeso il 24[25].

Il sopraggiungere del cessate il fuoco, alle 01.35 del 25 giugno, arrestò quel giorno definitivamente l'offensiva del 1° Corpo d'Armata, mentre , le Camicie Nere cremasche del XVII battaglione della divisione *Superga* insieme con il battaglione alpini *Val Dora* raggiunsero Modane, mentre nel settore Germanasca- Pellice reparti alpini, malgrado la strenua difesa dei reparti sciatori francesi, gli italiani giunsero fino ad Abriès.

Sull'Isére 24 giugno,il battaglione alpini *Val Baltea* riuscì a raggiungere Bonneval allo sbocco del Val de Glaciers, mentre pattuglie del battaglione *Val Cismon* entrarono nell'abitato di Séez, nella cui zona erano sopraggiunti anche reparti della divisione *Trieste*, con cannoni da 47 e 100/17 mm.

Il battaglione alpini *Aosta*, scendendo verso l'Isére aveva raggiunto l'abitato di

---

[25]Ibid.

Monte-Velazan, mentre nel settore della Divisione *Tridentina*, il battaglione *Duca degli Abruzz*i, rinforzato dalla compagnia alpieri del battaglione *Tirano*, si trovava nei pressi del Monte Enclave.

Anche sul fronte meridionale le truppe alpine e le Camicie Nere della Confinaria agirono sempre in avanguardia. Il 2° raggruppamento alpini con il XXXVIII battaglione CC.NN. (Asti) e la divisione alpina *Cuneense* avanzarono nella valle Ubaye.; le divisioni *Forlì* con i militi del LXXX battaglione CC.NN. (Parma) e *Aqui* con la 23ª Legione CC.NN. d'assalto *Bersaglieri del Mincio* occuparono Larche utilizzando le loro Camicie Nere come avanguardia, mentre la divisione alpina *Pusteria*, che era rimasta in riserva, iniziò ad avanzare a partire dal 23 giugno percorrendo circa 4 chilometri in due giorni nell'area compresa tra il bacino dell'Ubaye e quello della Tinea, a oltre 2.500 metri di altitudine. Gli alpini del 1° Raggruppamento insieme con i fanti della divisione *Ravenna* e le Camicie Nere del IV e V battaglione oltrepassarono il confine nella zona compresa tra l'Alta Vesubie e la Valle della Roia, occupando le località di Roquebillié e Fontan.
Le divisioni *Modena* con il suo XXXIII battaglione CC.NN. (Imperia) e *Cosseria* col LXXXVI CC.NN. (Lucca) attaccarono le difese francesi lungo la costa, appoggiate dalle Camicie nere del LXXXVI e XXXIII.
Tra le 9 e le 10 di mattina del 23 alcuni distaccamenti italiani del 41° reggimento fanteria passarono decisamente al contrattacco tentando di espugnare il colle del Razet, che però venne strenuamente difeso con successo da una postazione francese armata di mitragliatrici e mortai agli ordini del maresciallo capo Vignau.
Poche ore dopo i due battaglioni di Camicie Nere XXXIII e LXXXVI iniziarono a penetrare nella zona a nord di Mentone raggiungendo il torrente Borrigo, mentre reparti francesi avanzati riuscivano ad attestarsi verso la sera del 23 nei pressi del convento dell'Annunziata.
Poco prima delle 11 di mattina una una pattuglia del 90° reggimento fanteria aveva tentato di espugnare da tergo il fortino di Pont Saint Louis salendo dal boulevard di Garavan.
Sotto una fitta gragnola di bombe a mano, gli italiani tentarono la scalata attraverso i gabinetti della struttura, il muro di sostegno e la dogana portandosi a soli tre metri dal fortino, ma si dovettero alla fine ritirare per la rabbiosa reazione dei francesi che li investirono con raffiche di mitra e lancio di bombe. Verso le 18, le Camicie Nere lucchesi dell' LXXXVI battaglione e truppe d'assalto, approfittando della fitta nebbia, attaccarono le siepi di reticolati del forte Cap Martin malgrado i forte fuoco delle mitragliatrici francesi ma dovettero sospendere l'assalto di fronte al fuoco incrociato di mitragliatrici abbinate a mortai da 81 mm, che li costrinsero a ritirarsi verso Mentone Vecchia. Nella giornata del 24 nuovi combattimenti si verificarono nella zona Monte Abo - Bassa di Scuvion - Colle di Razet, dove però, a causa della forte pioggia e della scarsa visibilità, tutto si risolse in uno scontro di artiglieria tra reparti francesi e truppe del 41° reggimento di fanteria italiano.
La mattina dello stesso giorno infuriarono i combattimenti anche intorno all'agglomerato urbano di Mentone, dove già dalla notte precedente erano riusciti a penetrare quattro battaglioni italiani, mentre il I battaglione del 21° reggimento della

*Cremona* e il XXXIII battaglione di Camicie Nere non erano più in grado di riprendere la lotta. Nelle prime ore della mattinata il generale Mondadori, comandante della *Cosseria*, ricevette l'ordine di passare al contrattacco su tutto il fronte, ma la prostrazione delle truppe, aggiunta alla scarsa voglia di battersi in vista dell'ormai imminente firma dell'armistizio franco-italiano, limitò l'attacco ad una sola operazione che consistette nell'avanzata della 2ª compagnia del XXXIII battaglione Camicie Nere e degli arditi del 90° reggimento fanteria verso Roquebrune e Gorbio, da dove i nostri reparti furono presto costretti a ripiegare. Alla sera, sei dei sette battaglioni della *Cosseria* si trovavano di fatto al di là della linea di confine lungo la strada tra Castellar e Mentone, mentre le batterie di Cap Martin venivano contrastate dall'azione di sbarramento dei treni armati della Marina n. 1 e 5. Nelle stesse ore alcune squadriglie dell'aviazione italiana cominciarono a bombardare le postazioni francesi di Monte Agel, Roquebrune e Cap Martin senza però colpire quasi nessuno degli obiettivi a causa delle pessime condizioni meteorologiche.
Per risolvere l'*empasse* delle fortificazioni di Pont Saint Louis il comandante del XV Corpo d'Armata, generale Gambara, decise di effettuare due sbarchi, il primo affidato alle Camicie Nere dell'LXXXVI *Lucca*, il secondo all'esercito. I mezzi da sbarco concentrati a San Remo erano delle barche con motori fuoribordo; dopo una prova effettuata nella notte del 21, ne restavano otto che, la notte del 23, mentre dirigono su Mentone, vengono sospinte dal mare grosso contro il promontorio della Mortola. Si giunse finalmente sull'obiettivo ma al momento dello sbarco se la Milizia riuscì a sbarcare, la truppa era così mal ridotta che il comandante dell'impresa rinunciò. Lo sbarco dell'esercito restò così allo stato di progetto, e nrimane difficile capire per quale misteriosa ragione si è cercato d'impiegare truppe non addestrate quando gli italiani disponevano del battaglione Fanteria di Marina San Marco con un addestramento specifico! Comunque, i militi diedere ancora una volta un'eccellente prova di combattività, e si impadronirono della città rivierasca.

"Ottantasei – ci disse il Comandante –
Ci butteremo a nuoto su Mentone,
o disperati, la Rivoluzione
si fa per terra, in cielo e sopra il mar."
Ottantasei, ci chiama il Comandante
i Martiri fascisti a vendicar!

Poche ore dopo, malgrado fosse già arrivata la notizia della firma dell'armistizio tra Italia e Francia, avvenuta alle 19,15 del 24, i reparti italiani ripresero ostinatamente i loro tentativi di espugnare il fortino di Pont Saint Louis, presidiato solo da nove uomini, che - nonostante tutto - continuava a resistere agli assalti degli italiani, tanto che i suoi difensori avrebbero ricevuto un'alta onorificenza da parte dello Stato Maggiore francese per il valore dimostrato nella difesa dell'avamposto.
Ancora fino alle 20 del 24 due gruppi di mortai appartenenti a un battaglione della *Cosseria* continuarono a sparare contro il fortino senza peraltro ottenere la resa della piccola guarnigione di stanza nella casamatta.

> Sulla fronte alpina dal Monte Bianco al mare le nostre truppe hanno iniziato l'attacco il giorno 21. Formidabili apprestamenti difensivi in rocce di alta montagna, la reazione fortissima da parte del nemico deciso ad opporsi alla nostra avanzata e le condizioni atmosferiche del tutto avverse non hanno diminuito lo slancio offensivo delle nostre truppe che hanno conseguito dovunque notevoli successi. Mentre con ardite particolari azioni i nostri reparti si sono impadroniti di talune munite opere, quali ad esempio il forte Chenaillet presso Briançon e Razet nella Bassa Roja, nostre intere unità hanno raggiunto il fondo delle Valli Isere, Arc, Guil, Ubaye, Tinea, Vesubia, penetrando tra i sistemi fortificati dell'avversario e minacciando dal rovescio l'intera fronte nemica. L'avanzata delle nostre truppe prosegue su tutta la fronte[26].

Le Camicie Nere cantarono poi:

> "Cinquanta volontari della morte!"
> e si fa avanti tutto il battaglione:
> pugnale e bombe a mano su Mentone,
> come demoni ci buttammo giù.
> Al Trentatrè si è amici con la morte,
> si parla in confidenza a tu per tu.
>
> DUCE ! Per il DUCE e per l'Impero
> eja, eja, alalà! Alalà! Alalà![27].

La sera il Comando Supremo italiano diramò il 13° bollettino che dava notizia delle operazioni offensive contro la Francia:

> Sulla fronte alpina dal monte Bianco al mare le nostre truppe hanno iniziato l'attacco il giorno 21.
> Formidabili apprestamenti difensivi in rocce d'alta montagna, la reazione fortissima da parte del nemico deciso a opporsi alla nostra avanzata e le condizioni atmosferiche del tutto avverse non hanno diminuito lo slancio offensivo delle nostre truppe, che hanno conseguito dovunque notevoli successi.
> Mentre con ardite particolari azioni i nostri reparti si sono impadroniti di talune munite opere, quali per esempio il forte Chenaillet presso Briannon e Razet nella Bassa Roja, nostre intere unità hanno raggiunto il fondo delle valli Isère, Arc, Guil, Ubaye, Tinea, Vesubia, penetrando fra i sistemi fortificati dell'avversario e minacciando dal rovescio l'intera fronte nemica.
> L'avanzata delle nostre truppe prosegue su tutto il fronte.

Alle 6 di mattina del 25 giugno, dopo che alle 0,35 erano già cessati completamente i combattimenti su tutto il fronte per l'entrata in vigore delle condizioni armistiziali, gli italiani cercarono di alzare la sbarra di confine, ma vennero respinti da una raffica di mitragliatrice, che uccise l'aspirante ufficiale Mario Lalli e il soldato Giuseppe Puddu, appartenenti entrambi al 21° reggimento fanteria della divisione *Cremona*.

---

[26] Bollettino di guerra numero 13 del 24 giugno 1940.

[27] A. d'Alba, *Cantate dei legionari sul fronte occidentale*, 1940.

Lalli, ventunenne istriano di Pola ricevette la Medaglia d'oro alla memoria con la motivazione seguente:

> Comandante di plotone ardui di battaglione, incaricato di riconoscere l'ubicazione di mitragliatrici annidate in caverne, alla testa del suo reparto, oltrepassato arditamente uno sbarramento di reticolati e scorto il nemico, gli si slanciava contro con bombe a mano, intimando gli la resa. Ferito al petto da raffica di mitragliatrice, in uno sforzo supremo scaricava la pistola sui nemico, finché colpito da altra raffica, cadeva gridando "Viva il Re, Viva l'Italia ". Fulgido esempio di eroismo e di alto spirito di sacrificio.
> Ponte di S. Luigi, 23 giugno 1940.

Alle 8,45 gli italiani alzarono un'enorme bandiera bianca e un colonnello del genio si recò presso il comandante del fortino, il sottotenente Charles Gros, per informarlo dell'avvenuta firma dell'armistizio. La notizia fu confermata a Gros da due ufficiali di collegamento francesi, ma il fortino sarebbe tuttavia rimasto presidiato ancora per due giorni impedendo di fatto il transito agli italiani che avevano già occupato Mentone.
La sera del 26 la barriera di Point Saint Louis venne finalmente alzata, consentendo il passaggio di alcune ambulanze e altri veicoli militari. Il nuovo confine provvisorio tra la zona di occupazione italiana e il resto del territorio francese era stato intanto fissato il 25 presso il Ponte dell'Unione, tra Mentone e la frazione di Roquebrune Carnolès, sopra il corso del torrente Gorbio a una cinquantina di metri dal mare lungo la strada statale RN7.
Lo stesso 25 giugno si arrese anche il forte di Traversette.
Alle 6,45 del 25 un parlamentare italiano si presentò al forte un parlamentare italiano che avvisò il comandante di Traversette, il sottotenente Henri Desserttaux, che l'armistizio tra Italia e Francia era stato firmato ed era già entrato in vigore. Poiché al comandante francese la comunicazione non era ancora giunta ufficialmente, questi invitò il parlamentare a pranzo; a mezzogiorno si aggregò alla compagnia il comandante del 4° Alpini e a sera quello del battaglione *Aosta*.
Tra le due parti vi fu un rapporto di piena cordialità, che culminò nell'onore delle armi concesso ai soldati francesi all'atto della consegna del forte, come ricordò Desserteaux:

> ... E cosi abbiamo continuato a convivere in eccellenti rapporti con i nostri guardiani (italiani) finche *"finalmente"* il capitano Kretz non ci reca l'ordine [di resa] ...gli italiani all'ammaina bandiera ci hanno reso l'onore delle armi".

Onore delle armi decisamente eccessivo, dato che i francesi non avevano preticamente opposta nessuna resistenza armata. Ben altro valore combattivo dimostreranno al contrario i reparti della divisione *Littorio* dell'E.N.R. che, a parti invertite, difenderanno Traversette dagli *Chasseurs des Alpes* e dai *maquisards* nel 1944- 45 nella seconda battaglia delle Alpi, impedendo l'irruzione francese in val d'Aosa e val di Susa. Questa volta l'onore della rmi venne concesso dagli statunitensi agli italiani il 4 maggio 1945, a guerra oramai conclusa.

Il 1° luglio giunse a Mentone lo stesso Mussolini, che passò in rassegna alcuni reparti della *Cosseria* e le Camicie Nere del LXXXVI insieme al maresciallo Badoglio e al generale Gambara, recandosi quindi al Ponte dell'Unione, dove rimase a lungo ad osservare le opere fortificate di Cap Martin e Roquebrune- Cornillat.
Negli stessi giorni, proprio sulla riviera ligure Umberto ebbe modo di incontrare la moglie, la principessa Maria Jose, mobilitata come infermiera volontaria. La principessa non mancò di annotare nel suo diario il senso di amarezza e di frustrazione del marito per la completa impreparazione operativa dei reparti ai suoi ordini.
Il 27 giugno era stata nel frattempo costituita la Commissione italiana d'armistizio con la Francia (CIAF), che il 7 luglio emanò alcune direttive in merito alla delimitazione delle rispettive zone di sovranità italiana e francese. Venne stabilito che una linea verde avrebbe demarcato il limite del territorio occupato dalle truppe italiane al momento dell'armistizio, mentre una linea rosa avrebbe segnato il confine con la zona rimasta francese, ma che avrebbe potuto essere attraversata liberamente da reparti italiani per esigenze di comunicazione con i territori occupati. La zona che passava sotto la giurisdizione delle autorità militari italiane di occupazione, oltre naturalmente a quella smilitarizzata per una profondità di 50 chilometri al di là della linea alpina, si limitò quindi ad un ristretto lembo di territorio appartenente alla parte orientale del dipartimento delle Alpi Marittime lungo il confine con l'Italia, comprendente in tutto 13 comuni (tra cui quelli di Mentone e Fontan) e cinque villaggi, tra i quali Douans, Le Bourguet e parte di quello di Isola, per una superficie complessiva di 800 chilometri quadrati con una popolazione di 28 mila abitanti, di cui quasi 22 mila nella sola Mentone.

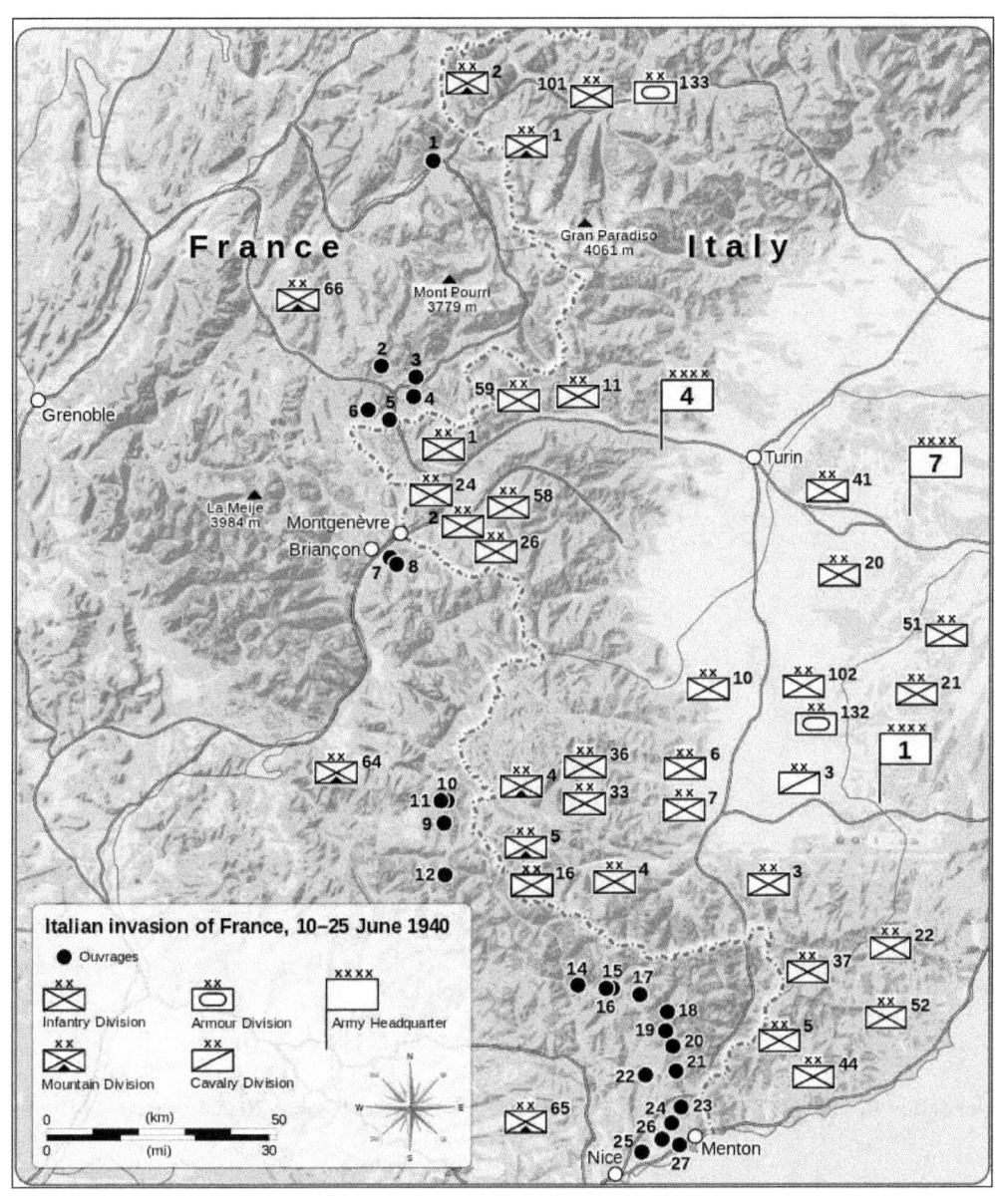

**Schieramento delle truppe sul confine italo-francese al 10 giugno 1940**

Le operazioni del II° Corpo d'Armata nel settore Ubaye- Resteford, 20- 24 giugno 1940
(da Labadie, Boucard, Auzet 2010)

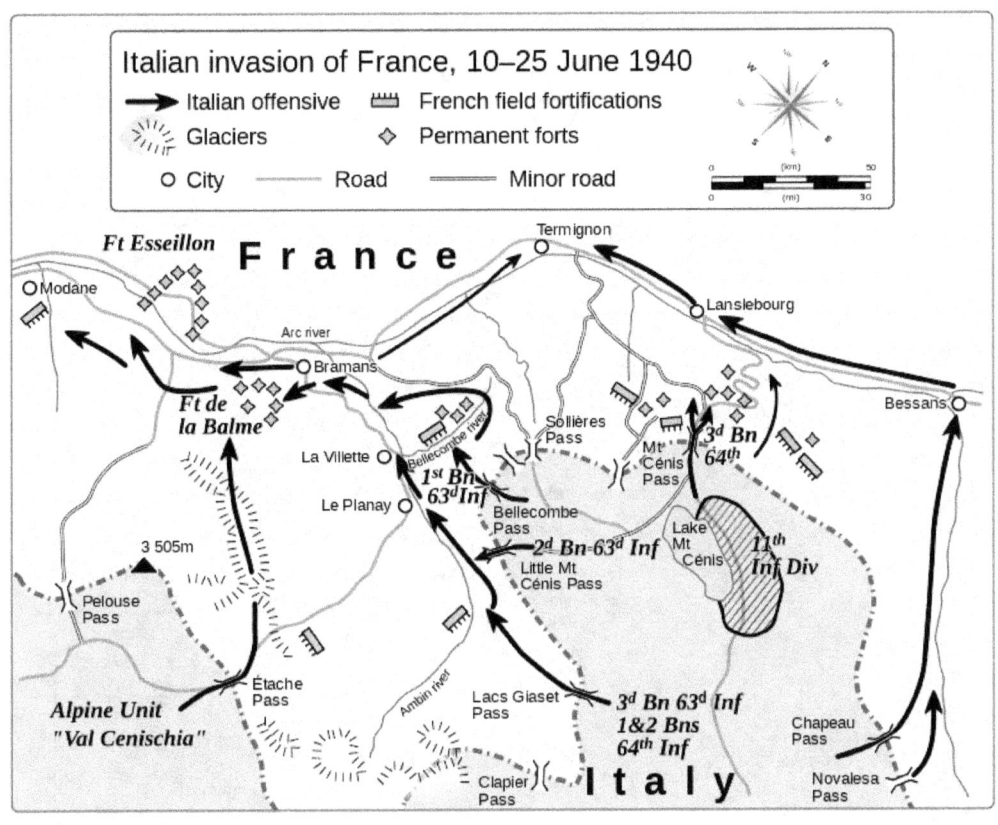

**Le operazioni nel settore del Moncenisio**

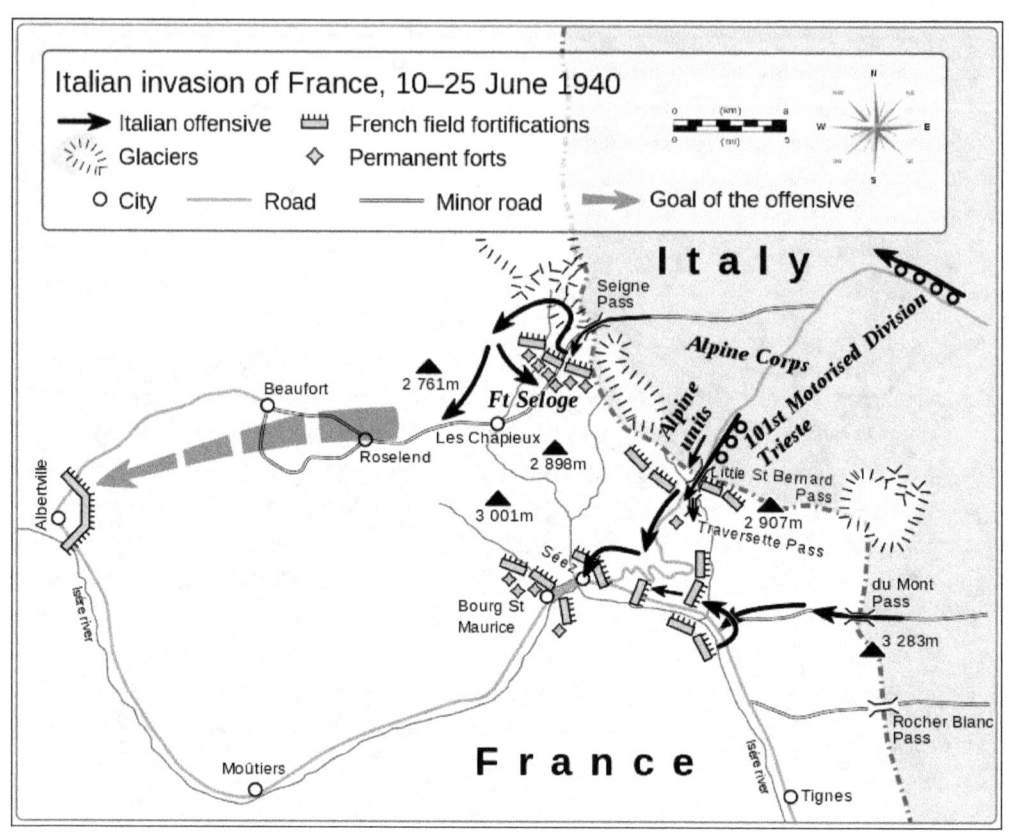

**le operazioni nel settore del Piccolo San Bernardo**

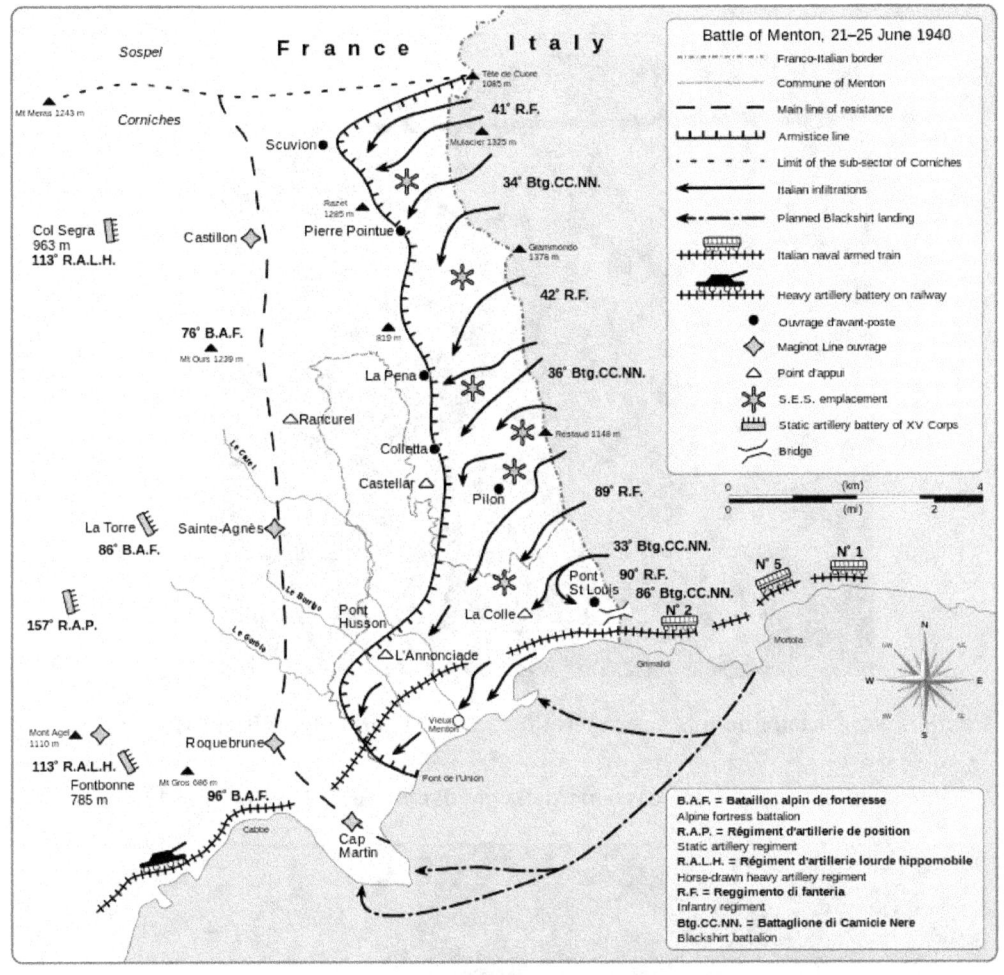

**Operazioni del XV Corpo d'Armata nel settore di Mentone**

**Camicie Nere occupano una casermetta francese. Si noti la bandiera catturata**

**Mortaisti davanti ad una caserma della gendarmeria, il 22 giugno 1940**

**Accampamento alpino sul Moncenisio**

**Alpini all'assalto nell'Ubaye**

**Un pezzo da montagna italiano in posizione**

**Artiglieri con un mortaio francese da 270 mm catturato,**

**Alpini del btg *Feltre* nella zona del Piccolo San Bernardo nel giugno 1940**

**Bersagliere sul Piccolo San Bernardo**

**Bersaglieri del XXXII battaglione motociclisti sul Colle del Piccolo San Bernardo (sopra) e l'officina da campo del battaglione (sotto)**

**Bersaglieri salutano romanamente sul Gran San Bernardo.**

**La bandiera francese di un posto di confine presa dai fanti del 56 reggimento 'della divisione** *Casale*

Camp des Fourches, Ubaye: due ufficiali del 73e BAF con il gagliardetto della 141a compagnia del battaglione *Bolzano*.
Si noti il motto *Come valanga scendo- come tormenta salgo*.

**24 giugno 1940. Sul ponte romano di Vaison-la-Romaine
i soldati italiani hanno tracciata la scritta** *Marceremo come il DUCE vuole dove Roma
già passò*, **tratta dall'Inno degli Universitari fascisti.**

Artiglieria abbandonata nella zona del Piccolo San Bernardo dal nemico in ritirata . Contrariamente a quanto sostenuto da certa storiografia, anche i francesi utilizzavano artiglierie obsolete addirittura antecedenti alla Grande Guerra, come questo pezzo da 120 mod. 1878.

**Distribuzione del rancio ai prigionieri francesi nella zona del Moncenisio**

Soldati italiani in azione sulle Alpi, giugno 1940

**Pattuglia di alpini verso il Colle des Fours**

**Il rancio degli alpini sotto il maltempo**

**Il battaglione alpini *Val Dora* sul colle della Pelouse**

**Carri armati CV35 immobilizzati dalla neve sul Moncenisio**

Carri CV35 del XXXIII btg. *Littorio* al Piccolo San Bernardo, tra la neve e la nebbia.

**Carri CV35 in marcia verso Traversette**

**Carro armato CV35 in Savoia il 25 giugno 1940**

**Artiglieri con cannone da 75/27 pronto ad aprire il fuoco**

Riattamento ad opera dei genieri delle strade fatte saltare dal nemico sul fronte delle Alpi occidentali

Fanti della div. *Cagliari* all'assalto sulle Alpi

**Il Principe di Piemonte in visita alla divisione** *Trieste*

La principessa di Piemonte Maria Josè di Savoia in visita agli ospedali della zona del Piccolo San Bernardo

**Soldati italiani avanzano nel settore delle Alpi Marittime in Francia, giugno 1940**

**Soldati italiani in un centro francese occupato**

Il Treno Armato 2 della Regia Marina con il suo equipaggio. Al centro il comandante, tenente di vascello Giovanni Ingrao (sopra).
Cartolina con la motivazione della MOVM alla memoria del Tenente di Vascello Ingrao (sotto)

**Le Camicie Nere dell'LXXXVIII battaglione *Lucca* occupano Mentone**

**Mentone, la ferrovia dopo la battaglia**

**Le Camicie Nere dell'LXXXVIII battaglione *Lucca* trasportano un camerata ferito durante la presa di Mentone Mentone**

**Trasporto di una Camicia Nera ferita**

Mentone . Una camicia Nera dell'LXXXVI btg durante gli scontri nel centro città

Gli ufficiali dell'LXXXVI battaglione CCNN d'assalto *Lucca* a Mentone dopo la conquista della città

**Le fortificazioni di Pont Saint Louis a Mentone dopo la conquista italiana**

**Mentone il 25 giugno del 1940**

**Il Principe di Piemonte con il Capo di Stato Maggiore della MVSN Achille Starace**

**Mentone. Un soldato italiano sostituisce il tricolore francese con quello italiano.**

**La resa di Mentone: arrivo della delegazione francese a Ventimiglia il 25 giugno (sopra);
i delegati francese e italiano (sotto)**

**Ufficiali italiani e francesi a Ventimiglia dopo la resa francese.**

**Soldati francesi sulla linea d'armistizio dopo la resa di Mentone**

**Camicie Nere e *Tirailleurs senegalais* a Gorbio, dopo l'armistizio.**

**Omaggio degli artiglieri del 59 ai caduti francesi**

**Resa del forte di Traversette. L'onore delle armi alla guarnigione francese**

**Lapide commemorativa dei Caduti del forte Chaberton**

*A tutti coloro che, come i dieci Caduti del vecchio forte, hanno saputo tener fede al giuramento prestato.*
*Edoardo Castellano*

| | | |
|---|---|---|
| Serg. Magg. | FERRARI Ferruccio | Medaglia d' oro V.M. |
| Caporale | NANNIPIERI Bruno | Medaglia d' argento V.M. |
| Artigliere | ORSENIGO Umberto | Medaglia d' argento V.M. |
| Art. | STELLA Giovanni | Medaglia d' argento V.M. |
| Art. | SASSO Leonardo | Medaglia di bronzo V.M. |
| Art. | ROMANO' Virginio | Medaglia di bronzo V.M. |
| Art. | BOMBARDIERI Giacomo | Medaglia di bronzo V.M. |
| Art. | SALA Federico | Medaglia di bronzo V.M. |
| Art. | REDAELLI Mario | Medaglia di bronzo V.M. |
| Art. | BOSSOLA Riccardo | Medaglia di bronzo V.M. |

IN MEMORIA DI UMBERTO PERTICI - ODILIO SAMPIETRO - FELICE VIGANO'

Mussolini e Badoglio a Mentone, 1 luglio 1940.

Artiglierie francesi catturate

# LE DIVISIONI ITALIANE DURANTE LA CAMPAGNA DEL GIUGNO 1940.

### Divisione fanteria *Cosseria* (5a)

Il 10 giugno, all'inizio delle ostilità contro la Francia i reparti della divisione sono schierati sulla frontiera occidentale, a sud del Massiccio del Grammondo, lungo la Valle Roja, nel settore compreso tra il mare e la Cima Longoira. Dopo una prima fase di attività difensiva, la divisione il 20 giugno attacca le posizioni nemiche che presidiano Pont Saint Louis, lungo la via Aurelia, e più a nord Passo San Paolo e quelle nella zona Colletti. La Divisione incontra una forte resistenza a Pont Saint Louis anche quando, rotto il fronte a Passo San Paolo il giorno 22, attacca alle spalle il nemico. Il 23 e il 24 viene mantenuta la pressione contro Pont Saint Louis che continua a resistere, mentre viene ampliata la zona conquistata a nord e a ovest di Mentone sulla strada per Castellar e verso Roquebrune. I reparti della divisione permangono in territorio di occupazione fino alla metà di agosto quando viene fatta rientrare in Italia e vengono impiegati in difesa delle coste della Liguria occidentale.

### Divisione fanteria da montagna *Modena* (37a)

Il 10 giugno la Divisione *Modena* è dislocata in Liguria, nel sanremese verso il confine francese con schieramento sulle Alpi Marittime, nel settore Monte Grammondo-Cima Bavasina. Il 21 giugno si spinge oltre confine in zona Cima d'Anan, Monte Ainè nella media Valle Roja e attacca le posizioni di Punta Arpetta con l'intento di raggiungere Col de Brouis e Col du Perus. Il 26, al termine delle operazioni belliche, la divisione lascia il Piemonte e si disloca nel Veneto nella zona di Belluno dove rimane fino al suo trasferimento in Albania.

### Divisione fanteria *Cremona* (44a)

Il 10 giugno, la *Cremona* è inquadrata nel XV Corpo d'Armata e dislocata in seconda schiera nei pressi di Ventimiglia e non prende parte attiva alle operazioni.

### Divisione fanteria da montagna *Ravenna* (3a)

La Divisione *Ravenna* prende parte alle operazioni contro la Francia nel settore alta Roja-Gessi e raggiunge Cima Raus, Cima Cosse e l'abitato di Fontan.

### Divisione fanteria *Cuneo* (6a)

Il 10 giugno la Divisione *Cuneo* è schierata lungo l'arco alpino occidentale su posizioni difensive in Val Vermenagna, fra Limonetto-Limone Piemonte-Robilante, quale riserva di C.d'A. Il 20 giugno, in vista di un'azione offensiva contro la Francia, si dispone in seconda schiera prima nella zona di Santa Maria Maddalena-Valle Cortesino- Fontanalba- Conca di Vievole e il 21 in posizione più avanzata sull'allineamento Briga Marittima-Tenda- San Dalmazzo di Tenda, alle spalle della Divisione Ravenna. Non prende parte alle operazioni di guerra per il sopraggiungere dell'armistizio del 24 giugno.

### Divisione fanteria da montagna *Livorno* (4a)

All'inizio del conflitto la Divisione Livorno risulta schierata a sud-ovest di Vinadio, nel versante meridionale della Val Stura, in zona Passo Sant'Anna, Passo Lausfer, Cima di Crosillias, ai confini della Francia con una forza di circa 14.000 uomini. La zona di operazioni che vide attive le unità della Divisione nel conflitto italo-francese furono: i valloni di S. Anna e di Bagni di Vinadio; la displuviale alpina nel tratto di M. Malinver (q. 2.939)-Becco alto dell'Ischiatore (q. 3.000); il colle della Lombarda e di S. Anna; il vallone e il passo di Collalunga (q. 2.500); il colle della Guercia (q, 2,456); il passo di Barbacana (q, 2,585). Il mattino del 13 si hanno i primi scontri a fuoco con colpi di mortaio verso il colle della Maddalena e i primi feriti vengono portati a valle nei vari ospedali da campo posizionati nelle zone di Bagni di Vinadio e di Vinadio. Nella notte del 15 l'attività si intensifica nelle zone antistanti il confine, precisamente nel vallone di Collalunga e di Bassa Merlier e nel pomeriggio dello stesso giorno il I battaglione del 34° reggimento fanteria occupa q. 2.608 di cima Collalunga. Da questo momento in poi il contatto col nemico si fa più insistente e preciso. Si verificano altri duelli di artiglierie il 17 e 18 quando giunge notizia della capitolazione della Francia. Cessati i combattimenti, le unità divisionali arretrano verso posizioni più a valle per preparare un'azione offensiva il cui ordine giunge il giorno 20. I giorni 21, 22 e 23 le artiglierie martellano gli obbiettivi prefissati per aprire la strada ai reparti di fanteria, l'avversario risponde al nostro fuoco con tiri precisi ed efficaci senza però recare troppo danno. Il giorno 23 giugno viene dato l'ordine di iniziare l'avanzata che viene ulteriormente rallentata dalle avversità del tempo, le colonne sfilano rispettivamente da Cima Crosillias e dal colle di Collalunga procedendo lungo le direttrici di attacco che purtroppo sono impervie ed ostacolano le truppe italiane e le difficoltà sono evidenti fin da subito. Procedendo verso il nemico, il 33° fanteria incontra un violento ed aguerrito fuoco di artiglierie e di armi automatiche e viene arrestata contro le pendici del monte Palastre ma dopo alcune ore di aspri combattimenti a Gogne Durand riesce a portarsi a fondo valle nei pressi di St. Honorat che raggiunge in serata. Nel pomeriggio del 23 anche il 34° reggimento fanteria raggiunge il fondo della Val Tinea disponendosi sulla difensiva ma solo dopo qualche ora di tregua giunge la reazione nemica con tiri di mortaio e di mitragliatrici pesanti appostate nei pressi Tolondet. Nello stesso giorno il II° battaglione del 33° reggimento fanteria risale la valle per occupare Isola, in serata gli scontri procedono con più calma causando qualche ferito al II° battaglione del 34° reggimento fanteria. L'artiglieria non poté aiutare molto i soldati causa il maltempo i tiri risultavano poco precisi e non molto efficaci. Il giorno 24 riprendono gli scontri in tutti i settori; le nostre truppe ricevono i rifornimenti e si riprende la pressione sull'avversario che viene sottoposta a duri martellamenti di artiglierie italiane.

Nel frattempo i reparti avanzano ed occupano gli obbiettivi assegnati rafforzandosi contro eventuali contrattacchi da parte di carri armati leggeri francesi.

Il giorno 25 giunge l'ordine di cessare i combattimenti a causa della notizia dell'armistizio fra Italia e Francia; in quella stessa mattinata la bandiera Italiana sventola su tutta la Val Tinea e la Divisione Livorno viene lasciata a presidio nelle zone di occupazione. Inizia così una fase di lavori per ampliare mulattiere strade e rendere più comodo l'accesso alla valle.

### Divisione fanteria da montagna *Acqui* (33a)

La Divisione Acqui è dislocata sul confine occidentale a difesa della Valle Stura, nel settore compreso tra Colle del Ferro, Monte Argentera, Colle della Maddalena, Colle Ruberent. Partecipa alle operazioni contro la Francia quando il 23 giugno attacca e occupa la conca di Condamine e il 24 giugno la valle Ubajette. Subito dopo l'armistizio torna in territorio metropolitano stabilendosi nel Veneto. Il 6 dicembre, ricevuti i nuovi ordini, inizia il movimento di trasferimento in Albania.

### Divisione da montagna *Forlì* (36a)

Il 10 giugno la Divisione *Forlì* è dislocata lungo il confine italo-francese a difesa del settore di Val Maira nell'Argentera, tra Rocca Peroni e Monte Maniglia. In un primo tempo mantiene un atteggiamento difensivo e il 22 giugno attacca le posizioni nemiche della conca di Meyronne e del nodo stradale di Condamine, aggirando da nord le difese di Viraysse. Le posizioni fortificate di Bec du Lievre e Tête Dure cadono nelle mani della divisione e il 23 viene occupato Malboisset, viene raggiunta la sponda sinistra del torrente Ravin e la periferia del villaggio di Larche.

### Divisione fanteria *Cacciatori delle Alpi* (22a)

Il 10 giugno, la *Cacciatori* è dislocata in Liguria come riserva d'Armata nella zona, di Perinaldo-Pigna-Castel Vittorio. Il 19 giugno, in previsione dell'offensiva contro la Francia, si trasferisce nella zona di Molini di Triora-Vallecrosia e Camporosso, dove il 24 viene raggiunta dall'armistizio.

### Divisione di fanteria *Lupi di Toscana* (7a)

Il 10 giugno, la Divisione risulta dislocata in Piemonte nella zona di Boves-Borgo San Dalmazzo e durante le operazioni di guerra contro la Francia viene impiegata quale grande unità di riserva a disposizione della 1$^a$ Armata.

**Divisione fanteria da montagna *Assietta* (26a)**

Il 10 giugno la divisione è schierata al confine italo-francese, fra Punta Rochers Charniers e il Gr. Queyron lungo i settori dello Chaberton, del Monginevro e a sbarramento delle vallate di Thuras e Ripa. Il 18 giugno occupa di sorpresa Monte Gimon e il 18 svolge una offensiva contro la conca di Arbies. Il 20, unità della divisione oltrepassano il confine su un ampio settore e attaccano le posizioni di Lac Noir e Rav des Routtettes. Il 22 e il 23 viene occupata la zona fortificata di Monte Chenaillet-Sommet des Anges e viene approntato il dispositivo per l'attacco della conca di Edafon allorché sopraggiunge l'armistizio.

**Divisione fanteria da montagna *Sforzesca* (2a)**

La Divisione *Sforzesca* è schierata all'inizio delle ostilità sul fronte occidentale fra Claviere e Cesana, con intendimenti offensivi. Il 20 giugno supera la linea di confine e si dirige verso Bois de Praria e in direzione delle munite posizioni di forte Janus. Forzate le difese sul Colle del Monginevro le avanguardie sboccano nella Conca di Briancon, ma l'azione deve essere sospesa per la violenta reazione degli avversari. Il 24 giugno la divisione viene sostituita in linea dalla *Legnano* e passa alle dipendenze dirette della 4a Armata, quale riserva d'armata nella zona di Ulzio.

**Divisione fanteria da montagna *Superga* (1a)**

Il 10 giugno la Divisione è inquadrata nella 4a Armata e partecipa alle operazioni contro la Francia. Il 21 giugno partecipa all'offensiva e il 22 raggiunge la cima del Picco Argentier e il lago des Battaillères.
Al momento dell'armistizio con la Francia, la maggior parte dei suoi reparti erano dislocati in Francia.


**Divisione fanteria da montagna *Cagliari* (59a)**

All'inizio delle ostilità contro la Francia la divisione è dislocata nel sottosettore operativo del Moncenisio dal Monte Niblè al Monte Rocciamelone. Il 15, 16 e 17 giugno vengono occupate le posizioni sulla linea di confine a Dente d'Ambin, Cima della Nunda, Colle della Beccia, Colle Sollières.
Il 21 le unità della divisione danno inizio ad un'azione offensiva in Valle Arc, avanzando verso le località di Bramans e Le Planey che vengono raggiunte il 23. Dal Piccolo Moncenisio si dirigono il 23 verso il Vallone d'Ambin e si preparano ad agire in direzione dell'importante nodo ferroviario di Modane raggiungendone la periferia, ma l'armistizio del 24 giugno ferma le unità a breve distanza dall'importante località. Ultimate le operazioni di guerra permane nel territorio occupato di Valle dell'Are fino a tutto settembre.

### Divisione fanteria *Pinerolo* (24a)

Il 10 giugno la Divisione *Pinerolo* si trova schierata lungo l'arco delle Alpi occidentali inquadrata nel I Corpo d'Armata. Per tutta la durata delle operazioni è in seconda schiera rimanendo nel settore Moncenisio-Bardonecchia.

### Divisione fanteria *Legnano* (58a)

La Divisione si trova dislocata sul fronte occidentale nella zona di Fenestrelle-Colle della Finestra, inserita nelle unità di riserva della 4a Armata.
La Divisione rimane in territorio metropolitano fino al gennaio 1941 quando venne trasferita in Albania.

### Divisione motorizzata *Trieste* (101a)

Il 21 giugno, all'inizio delle operazioni al fronte occidentale, i reparti della Divisione - benché in riserva del Corpo d'Armata Alpino, operando nella Valle d'Isère sono tra i primi ad entrare in azione sulla direttrice di attacco Colle Piccolo S. Bernardo-Bourg St. Maurice.
Nei giorni successivi la divisione spinge le sue colonne oltre confine e il 24 giugno, al momento della cessazione delle ostilità, le stesse hanno raggiunto Séez, Les Chavannes e il Colle di Traversette.

### Divisione motorizzata *Trento* (102a)

Il 10 giugno, la Divisione *Trento* è dislocata In Piemonte.
All'inizio delle ostilità con la Francia si dirige verso la sponda destra del Dora tra Bussoleno, Susa, Borgone.
Il 15 giugno si trasferisce dalla sua sede di pace in Piemonte, prima lungo il torrente Stura nella zona di Demonte, poi il 22 verso il Moncenisio lungo la sponda destra del fiume Dora, fra Bussoleno, Susa, Borgone.
Dopo l'armistizio con la Francia, nel mese di luglio, la *Trento* viene dislocata nel Mantovano, nel Veronese e poi di nuovo in Piemonte verso il mese di dicembre.

### Divisione alpina *Taurinense* (1a)

Il 10 giugno la *Taurinense* era dislocata in diversi punti del fronte dell'arco alpino (settore Moncenisio-Bardonecchia).
Partecipa alle operazioni contro la Francia dal 10 al 24 giugno occupando Bourg-St-Maurice St.-Foy che occupa e poi presidia.
Terminate le operazioni, nell'ottobre del 1940 ci fu lo scioglimento dei battaglioni *Valle*, e alla Divisione *Taurinense* fu dato l'ordine di presidiare il territorio francese compreso fra il vecchio confine e la linea di armistizio.

**Divisione alpina *Tridentina* (2a)**

Il 10 giugno risulta dislocata sul fronte francese nel settore Balte-Orc-Stura di Lanzo. Partecipa alle operazioni contro la Francia dal 10 al 24 giugno occupando Ville des Glaciers e Col de l'Eveillon. Dal mese di novembre, la Divisione viene trasferita in Albania

**Divisione alpina *Cuneense* (4a)**

Il 10 giugno, la Divisione *Cuneense* si trova schierata nel sottosettore Maira. Partecipa al conflitto italo-francese occupando dal 22 giugno il vallone de Chabriere e il vallone de Mary.
Nella seconda decade del mese di dicembre, la Divisione viene trasferita in Albania.

**Divisione alpina *Pusteria* (5a)**

Partecipa al conflitto italo-francese entrando in Francia il 23 giugno, attestandosi sulla linea Col de Fources - Laos des Hommes. In luglio si sposta a Mondovì. Nell'ultima decade di Novembre si trasferisce in Albania dove giunge ai primi di dicembre.

Insieme ad alcuni reparti alpini i migliori soldati italiani dell'infelice campagna del giugno 1940 furono le Camicie Nere, che si batterono assai bene e con grande motivazione, a dispetto delle carenze addestrative e dell'armamento che si verificarono. Nel nostro studio sulla M.V.S.N. Nel secondo conflitto mondiale abbiamo esaminato rapidamente l'attività dei vari battaglioni di Camicie Nere durante la campagna, argomento oggi totalmente dimenticato, o meglio censurato; ne riportiamo qui un riassunto .

**I e II battaglioni CC.NN.** (entrambi di Torino).

Inquadrati nel 3° Raggruppamento Alpino (Generale Emilio Faldella) agirono nel settore Germanasca-Pellice. Il giorno 11 giugno sono così dislocati:

I battaglione, al comando del Primo Seniore Guido Boario, al colle Barracurn (metri 2.373),
II battaglione, al comando del Seniore Achille Luzi, al Ghigo di Pralì.

I due reparti furono esposti a violente precipitazioni atmosferiche, con freddo intenso. Il 16 ricevettero l'ordine di operazioni n. 1 in seguito al quale il I battaglione si spostòa quota 1.723, Conca del Prà, ed il II battaglione mandò una compagnia in linea a dare il cambio alla 30ª compagnia del battaglione Alpini *Fenestrelle*. Il giorno 20 il I battaglione CC.NN. chiese di partecipare alle operazioni e venne spostato al colle Urina (quota 2.529).
Il giorno 21 alle ore 5 entrambi i battaglioni passarono il confine. Il I battaglione

venne inviato a conquistare Monte Epiol, che prese alle 6,30, e poi il caposaldo di Val Preveyre, preso alle 8,30; proseguì per Chapelle S. Barthelemy venendo investito da violente scariche di mitragliatrici che procurano le prime perdite. Ebbe poi aspri combattimenti per la conquista del Bois Noir, preso alle 11,30. Successivamente il battaglione riprese l'avanzata nonostante l'inteso fuoco francese di mitragliatrici ed artiglieria; dopo un momentaneo ripiegamento per sottrarvisi, l'avanzata venne ripresa ed il I battaglione raggiunse Rio della Combe e le *Usines Electriques* di Abries, sempre ostacolato da condizioni atmosferiche pessime più che dal nemico. Il II battaglione puntò anch'esso su Val Preveyre; sulla direttrice La Roux-Costone di Reyscasse, sostenendo un combattimento ad Abries che costò una dìecina di feriti ma nessun morto.

Il 22 il I battaglione passò in riserva a Valle Urina, il II CC.NN. restò sulla linea avanzata. Il 23 il I battaglione era a Prà ed il 29 venne visitato dal Principe Umberto di Savoia e dal Duca di Pistoia, che in Africa Orientale aveva comandato la 1a divisione Camicie Nere *23 Marzo*. Il 24 sopravvenne l'armistizio.

**XI battaglione CC.NN.** (Casale Monferrato).

Era inquadrato nella divisione *Cagliari*, rinforzata anche dal battaglione Alpini *Susa*. Del ruolo svolto dalla colonna mista dei due battaglioni si è trattato precedentemente.

**XII battaglione CC.NN.** (Aosta).

Questo battaglione da montagna si trova con la Divisione Alpina *Taurinense* al Piccolo S. Bernardo. Era comandato dal Centurione Carlo Alessi ed aveva una forza di 19 ufficiali e 469 Camicie Nere Il 23 giugno si schiera sul passo fatto segno a intenso tiro dell'artiglieria francese e soffrendo, la notte, sotto una tempesta di neve, tanto da subire perdite negli uomini per congelamento. Il 24 arriva l'ordine di attacco al forte delle Traversette e vi è destinato un reparto scelto. La marcia sulla montagna è difficilissima, tanto da rendere necessaria una sosta a Comba Feydevaz, sempre sotto il bersaglio di tiri d'artiglieria. Sopravviene l'armistizio, ed il 25 il battaglione CC.NN. sostituisce il battaglione Alpini «Aosta» a Le Mont Villaret, in località Rosières, in vicinanza del Forte delle Traversette, tuttora occupato dai francesi. Il battaglione di legionari vi resta accampato fino ai primi di luglio.

**XVII battaglione CC.NN.** (Cremona).

Inquadrato nella divisione di fanteria *Sforzesca*; combattè nel settore del Monginevro e quando la divisione, sfinita dagli sforzi compiuti nei primi due giorni di lotta, venne sostituita dalla divisione di fanteria *Legnano*, il XVII battaglione restò in linea assieme al reggimento dell'artiglieria divisionale, continuando a combattere.

**XX battaglione CC.NN.** (Suzzara) e **XXIII battaglione CC.NN.** (Mantova).

Costituirono la 23ª Legione d'assalto inquadrata nella divisione di fanteria *Acqui* ed agirono nella zona del colle della Maddalena. Tra le due colonne d'attacco, quella del 18° reggimento. fanteria a nord e quella del 17° reggimento a sud, il comando divisione inserisce la terza colonna, col XXIII battaglione CC.NN., assegnandogli come obiettivo Larche. Le tre colonne, battute da violento fuoco di artiglieria, avanzano penosamente per oltre 3 o 4 chilometri al di là della frontiera nello stesso 23 giugno. A sera i reparti più avanzati raggiungono la linea Malboisset- Maison Meanne, pendici nord della Créte de Courruit. Il XXIII battaglione CC.NN. è a Maison Meanne; gli si aggrega il XX battaglione (la 23ªLegione è così riunita) ed insieme riannodano l'azione. La cessazione delle ostilità trova i due battaglioni a quota 2.885 della Créte de Courruit.

**XXVIII battaglione CC.NN.** (Vercelli).

Era inquadrato nella divisione di fanteria *Cagliari*.

**XXX battaglione CC.NN.** (Novara).

Anche questo battaglione era inquadrato nella divisione *Sforzesca*. Essendo in linea fin dal 22 giugno, entra in azione il 23 in rinforzo al 53° reggimento Fanteria, duramente provato. Sostituisce i battaglioni II e III del 53° al Bois de Sestrières, sulle quote 2.040 - 2.062 - 2.628. Lottando aspramente riesce a guadagnare terreno, conquistandolo a prezzo di gravi perdite ,sotto un maltempo persistente, pioggia, neve e temperatura bassissima; malgrado tutto è raggiunta la frazione di Les Alberts, presso Briançon.

**XXXIII battaglione CC.NN.** (Imperia).

Inquadrato nella divisione di fanteria *Cremona* e ceduto, per l'impiego, alla Divisione di fanteria *Cosseria*. Avendo avuto successo, nella giornata del 22 giugno, l'avanzata del II battaglione dell' 89° Rreggimento Fanteria, con l'apertura di una breccia nell'organizzazione difensiva nemica in corrispondenza del passo di S. Paolo, il comando divisione decide di sfruttare il successo iniziale gettandovi tutte le forze messe a disposizione: il XXXIII battaglione CC.NN. e più tardi anche il I battaglione del 21° fanteria, avuti dalla *Cremona*. Pattuglie avanzate del XXXIII battaglione CC.NN. raggiungono le prime case di Mentone. Il 23 giugno le opere di Ponte S. Luigi erano sorpassate ed intieramente accerchiate. Caddero, per opera del III battaglione dell'89°, i centri di Bausset e ciò consentì di alimentare l'attacco del XXXIII battaglione CC.NN. e del I battaglione del 21° fanteria in direzione di Mentone. Nell'azione il capomanipolo imperiese Cino Perino ebbe la Medaglia di Bronzo alla memoria, cadendo mentre guidava all'assalto le proprie camicie nere malgrado il fuoco battente delle mitragliatrici francesi:

> Comandante di plotone fucilieri, in una dura azione, intrepidamente guidava il reparto al raggiungimento di importante obbiettivo. In ricognizione per individuare le difese nemiche, sotto intenso fuoco di artiglieria e mitragliatrici, colpito da granata, immolava

la sua giovane vita.

I due battaglioni riuscirono ad oltrepassare l'abitato e a raggiungere il torrente Borrigo. Il 24 giugno si portarono ancora avanti: il XXXIII CC.NN. aveva raggiunto, la sera del 24, le prime case di Roquebrune, quasi a Cap Martin. La fine delle ostilità trovò i due battaglioni, uno dell'Esercito ed uno della Milizia, attestati sul torrente Gorbio.

**XXXIV battaglione CC.NN. (Savona) e XXXVI battaglione CC.NN. (Genova).**

I due battaglioni liguri erano inquadrati nella divisione di fanteria *Modena* e con questa entrarono in azione il 22 giugno, come descritto nel testo..

**XXXVIII battaglione CC.NN. (Asti).**

Inquadrato nel 2° Raggruppamento Alpini, agli ordini del Generale Berardi, sulla fronte alta Valle Varaita fino al Colle dell'Autaret. Faceva parte,della colonna di attacco di sinistra assieme al battaglione alpini *Val d'Intelvi*, sulla direttrice Col de Longest (sud)- Lac de Poroviol- Coi Albert; quest'ultimo come obiettivo. Nonostante le proibitive condizioni del clima la colonna oltrepassa il fondo Valle Ubaye e, superando le forti resistenze avversarie, raggiunge nella stessa giornata del 22 tutti gli obiettivi.

**XL battaglione CC.NN. (Verona).**

Inquadrato nella Divisione di fanteria *Brennero*. Il battaglione, insieme al 232° reggimento fanteria, partecipa all'azione verso l'Arcelle Neuve; les Arselines, Chalet la Ramasse, sulla destra della rotabile del Colle del Moncenisio, partendo dalla zona ad est di Cima della Nunda.

**LXXIX battaglione CC.NN. (Reggio Emilia).**

Era inquadrato nella divisione di fanteria *Pistoia*.

**LXXX battaglione CC.NN. (Parma).**

Considerato uno dei migliori reparti della Milizia, si era coperto di gloria in Etiopia durante la difesa di Passo Uarieu contro forze abissine venti volte superiori; nel 1940 era inquadrato nella divisione di fanteria *Forlì*, passò all'attacco nella zona di Téte Dure- Larche, ma non riuscì a realizzare che scarsi progressi per l'accanita resistenza degli *Chasseurs des Alpes* francesi; la Camicia Nera Pietro Pizziga, di Colorno, si guadagnò la Medaglia di Bronzo alla memoria con la seguente motivazione:

> Porta arma, gravemente ferito da scheggia di granata, si preoccupava soltanto della sua arma, invitando i compagni a raccoglierla ed a proseguire verso gli obbiettivi. Cadeva sul campo rivolgendo il suo pensiero alla Maestà del Re ed al Duce.

**IV battaglione CC.NN.** (Alessandria).

Inquadrato nel 1° Raggruppamento Alpini.

**V battaglione CC.NN.** (Tortona).

Inquadrato nella Divisione *Ravenna*.

**XV battaglione CC.NN.** (Brescia).

Inquadrato nella Divisione *Lupi di Toscana*.

**XXIV battaglione CC.NN.** (Milano).

Inquadrato nella Divisione *Cuneo*.

**LXXXVI battaglione CC.NN.** (Lucca).

Il battaglione era inquadrato nella *Divisione Cosseria*.; se ne è parlato a proposito dei combattimenti urbani a Mentone il 23 e 24 giugno in cui l'LXXXVI battaglione CC.NN. ebbe un ruolo decisivo nella conquista della città, riuscendo ad espugnare la fortificazione del Pont Saint Louis, che come detto costruita come la linea Maginot, dotata di mitragliatrici pesanti, che non era stata intaccata dall'artiglieria italiana.
Va detto che nella guerra di Mussolini mal condotta e ancor peggio preparata, i fascisti erano i primi a pagare di persona.

# LA GUERRA DEGLI ALPINI

I protagonisti della guerra sulle Alpi Occidentali furono soprattutto, anche se non solo, i battaglioni alpini; di molti di essi s'è fatto cenno nel testo, ma ci sembra necessario trattarne più estesamente.

Date le caratteristiche episodiche della guerra di montagna, fatte di piccoli spostamenti, scontri di pattuglia, conquista di posizioni montane che renderebbe impossibile ricordare qui ogni fatto d'arme, abbiamo scelto di presentare in dettaglio le vicende di due dei migliori reggimenti alpini, il 5°, di reclutamento lombardo, con i battaglioni *Tirano*, in cui per inciso prestava servizio il capitano Kurt Suckert-Curzio Malaparte, *Morbegno* ed *Edolo* che operarono insieme al battaglione sciatori *Duca degli Abruzzi*, il futuro *Monte Cervino*, formato da guide alpine e maestri di sci della Scuola Alpina di Aosta, ed il 7°, formato da veneti, composto dai battaglioni *Feltre*, *Belluno* e *Cadore*, il primo inquadrato nella divisione *Tridentina* ed il secondo nella *Pusteria*, i cui combattimenti ben rendono l'idea di come combattessero anche gli altri reparti alpini; seguiremo l'esposizione delle vicende come riportata dalle storia ufficiali dei reparti, che riportiamo qui senza alcuna modifica[28].

## Il 5° Reggimento Alpini.

Il 10 giugno 1940, primo giorno di guerra, il 5° Reggimento Alpini era inquadrato nella 2a Divisione Alpina *Tridentina* unitamente al 6° reggimento alpini e al 2° reggimento artiglieria alpina.

Ill 5° reggimento alpini partecipò alla battaglia del Fronte Occidentale inizialmente schierandosi nella zona di Morgex in attesa di ordini.

Il comandante del 5°, tenuto conto della scarsa conoscenza della zona, dispose che il mattino del 21 venissero effettuate ricognizioni della zona del Col de la Seigne per prendere conoscenza del terreno di operazione.

Senonché alle ore 4,05 antimeridiane dello stesso giorno 21 il reggimento ricevette l'ordine di muovere immediatamente verso il Col de la Seigne e si misein marcia.

L'ordine di operazione del Comando della Divisione *Tridentina*, pervenuto due ore dopo, conteneva le disposizioni relative all'azione da svolgere il giorno 21 anziché il 23 e stabiliva che una colonna (di destra), comandata dal colonnello Fassi e costituita da due battaglioni del 5°, dal battaglione *Duca degli Abruzzi* e dal reparto alpieri[29] occupasse i Colli des Fours, du Bonhomme e del la Croix de Bonhomme e successivamente il Colle Cormet de Roseland, mentre una seconda colonna (di sinistra), costituita da una compagnia del battaglione *Duca degli Abruzzi* avrebbe dovuto occupare il Col d'Oueillon.

---

[28] Consultabile su https://www.iltirano.org/index.php?option=com_k2&view=item&id=9:la-seconda-guerra-mondiale&Itemid=261

[29] Il compito degli alpieri era- ed è- quello di eseguire ricognizioni in ambiente alpino particolarmente impervio (ghiacciai, pareti etc).

La riserva era costituita da un battaglione del 5° (*Morbegno*) e dal battaglione *Verona* del 6° Alpini.

L'artiglieria era costituita da tre batterie del Gruppo *Bergamo* e una del Gruppo *Aosta* che dovevano schierarsi nella zona di Col de la Seigne per azione di appoggio.

L'ordine prescriveva inoltre che l'operazione venisse condotta con la massima arditezza ai fini di una occupazione il più profonda possibile oltre confine e che vesse inizio non più tardi delle ore 9,30.

21 giugno 1940. Il reggimento, usufruendo dell'unica carraraccia che percorreva la valle, si trasferì verso la zona di Col de la Seigne. I battaglioni *Edolo* e *Tirano* accelerarono il movimento per raggiungere la zona loro assegnata, seguiti dalle colonne rifornimento munizioni e dalla 5a sezione sanità reggimentale, mentre il *Morbegno* provvedeva a collocare una linea di posti di corrispondenza da la Visaille al Col de la Seigne.

Il comandante del 5°, unitamente ai comandanti dei battaglioni *Edolo* e *Tirano*, si portò alla Casermetta de L'Allée Blanche per prendere contatto con il comandante del battaglione *Duca degli Abruzzi* e impartirgli gli ordini per l'azione da svolgere.

Il compito del battaglione e del reparto alpieri era quello di effettuare un'azione per l'alto e per la destra in direzione di Monte Tondu – Col d'Enclave, con il reparto alpieri sulla linea di cresta dei Glaciers del Glaciers in direzione degli obiettivi suddetti.

Alle ore 9,30 uscirono oltre i confini i primi elementi esploranti del battaglione *Duca degli Abruzzi* dalle loro posizioni in zona di Col de la Seigne, mentre la 33a batteria del gruppo *Bergamo* prese posizione.

Le buone condizioni del momento permettevano l'osservazione del terreno oltre confine.

Sulle prime non vi fu alcun indizio dell'avversario. Alle 12,30 artiglieria nemica di piccio calibro cominciò a battere con alcuni colpi il Col de la Seigne e l'immediato rovescio di esso dove nel frattempo si erano attestati la 50ª compagnia e gli esploratori dell'*Edolo*.

L'*Edolo* aveva il compito di agire decisamente dal Colle de la Seigne per il costone a nord-ovest dei Chalets de la Lanchette - abitato Belleval con obiettivo il costone che scende da q. 2424 sull'abitato di Ville des Glaciers, spingendosi possibilmente fino a Seloge.

Il comandante del 5° si propose di impadronirsi con l'*Edolo* della zona di maggiore facilitazione al movimento in direzione del Col des Fours verso il quale lanciare poi il *Tirano* tenuto in secondo scaglione sul rovescio del Col de la Seigne.

Poco dopo le 13 le condizioni atmosferiche cominciano a mutare e peggiorano sempre più coprendo la zona di una fitta nebbia. Nel pomeriggio, pioggia nevischi e vento sottoposero le truppe a notevole disagio fisico.

Nonostante l'avversità del tempo, le gravi difficoltà del terreno e la violenta reazione del fuoco dell'artiglieria nemica l'*Edolo* riuscì ad attestarsi a tarda sera all'altezza dei Chalets de la Lanchette dopo aver preso collegamento a vista con battaglione *Duca degli Abruzzi* rimasto alquanto più indietro. Elementi del reparto alpieri si erano spinti avanti lungo la linea di cresta a nord del Glaciers des Glaciers mentre la

103a compagnia del battaglione *Duca degli Abruzzi* aveva occupato con suoi elementi il Col de l'Oueillon incontrando qualche reazione di mitragliatrici nemiche. Nel corso della giornata la 32ª e la 33ª batteria del gruppo *Bergamo* presero posizione a sud del Col de la Seigne ma la ripidità del terreno e le condizioni di innevamento imposero gravose fatiche per il trasporto dei pezzi a spalla.

22 giugno 1940.

A mezzanotte del giorno 21 giugno il comando del 5° ricevette l'ordine di proseguire l'azione il giorno dopo.

Alle 6 del 22 giugno con condizioni atmosferiche avverse, durate tutta la notte, i battaglioni ripresero l'avanzata: l'*Edolo* verso la zona di Ville des Glaciers, il *Tirano* serrando sotto all'*Edolo* col compito di sfilare per l'alto a nord di Les Tufs e puntare decisamente sul Col des Fours, il *Duca degli Abruzzi* sulla destra dell'*Edolo* per occupare il Col d'Enclave.

Il gruppo *Bergamo* effettuò un breve e violento concentramento su una batteria nemica nei pressi di Seloge con tiri aggiustati ed efficaci. Da constatazioni successive risultò come si trattasse di un'opera permanente costruita in caverna, cinta da reticolati su più file e comprendente postazioni armate di mitragliatrici in casematte ed in caverne disposte ai lati dell'opera principale.

Contro questi complessi di apprestamenti difensivi nemici venne ad urtare l'*Edolo* con le sue due compagnie avanzate, la 51ª a sinistra, a cavallo del torrente des Glacies, la 52ª a destra, avanzante da Belleval verso Les Tufs.

Mentre la 51ª era costretta a sostare di fronte alla Ville des Glaciers dove era soggetta ad intenso fuoco nemico di artiglieria e mitragliatrici, la 52ª (tentente Arrigo Pasini) con abile manovra sorretta da ardimento e decisione, effettuò un riuscito attacco avvolgente contro un gruppo di centri di resistenza nemici appoggiati ad un ridotto in calcestruzzo e presidiati da una cinquantina di avversari amati di cinque fucili mitragliatori e armi varie.

Gli alpini della 52ª lanciatisi con le loro sole armi individuali contro un nemico sistemato a difesa conseguirono un risultato veramente notevole. Conquistano tutti i centri di resistenza, esattamente otto, annientando i difensori tra i quali l'uficale comandante, catturarono parecchi prigionieri, armi munizioni materiali vari e si sistemarono sulla posizione conquistata senza aver subito notevoli perdite.

Il tiro dell'artiglieria avversaria continuava ad arrecare perdite e a costringere gli altri reparti ad una temporanea sosta mentre perduravano le più avverse condizioni atmosferiche.

A causa di un equivoco causato dalla nebbia il battaglione *Duca degli Abruzzi*, che riteneva di essere dislocato sul davanti del *Tirano* in direzione Bellevall – Col des Fours, ricevette l'ordine dal comandante di reggimento di occupare detto colle e quello d'Enclave.

Chiarito l'equivoco e stabilita l'esatta posizione del battaglione *Duca degli Abruzzi*, che trovavasi lateralmente al *Tirano* e più in alto, venne ripristinato l'ordine che l'azione verso il Col des Fours venisse attuata dal *Tirano*.

Verso mezzogiorno un ordine di operazioni del Comando Divisione, premesso che l'aviazione segnalava movimenti nemici in ritirata verso Bourg St. Maurice e che la resistenza nemica si stava affievolendo, dispose che venissero formate due colonne

per procedere con la massima celerità e la massima spregiudicatezza verso gli obiettivi di Col des Fours, Col du Bonhomme, e successivamente su Beaufort.
Il comandante del 5° alpini doveva operare con una colonna costituita dai battaglioni *Tirano*, *Edolo* e *Duca degli Abruzzi*, dal comando del gruppo *Bergamo* con due batterie muovendo per la direttrice del Col des Fours.
Ma le notizie relative alla affievolita resistenza del nemico, per quanto riguardava il settore del 5°, non rispecchiavano fedelmente la reale situazione. Gli intensi tiri di artiglieria nell'alta Valle Glaciers e particolarmente ad ovest del Col de la Seigne e sulle zona di Belleval e di Ville des Glaciers facevano ritenere che il nemico intendesse opporre una resistenza ad oltranza sui tre noti colli.
Il comandante del 5° richiese pertanto una adeguata preparazione di artiglieria o bombardamenti aerei sulle postazioni di artiglieria nemiche per poter attuare il compito assegnatogli.
Nessuna della azioni richieste poté essere effettuata. Per la notte i reparti sistemarono provvisoriamente sulle posizioni raggiunte attuando attenta vigilanza ed attiva esplorazione, onde essere pronti a sfruttare qualsiasi favorevole occasione per balzare innanzi sugli obiettivi assegnati.
Da due giorni gli alpini del 5° combattevano in condizioni particolarmente sfavorevoli, su terreno aspro e innevato e su ghiacciai con condizioni atmosferiche avverse e senza la possibilità di ricevere rancio caldo.
Il giorno 23 il tempo peggiorò notevolmente. Neve e tormenta sulle quote più alte e pioggia battente nella Valle di Glacier.
L'artiglieria nemica batteva incessantemente le posizioni occupate dalle truppe avanzate e il terreno posto tra queste e la zona del Col de la Seigne.
Per ordine del comando di reggimento l'*Edolo* preparò un colpo di mano per l'eliminazione del caposaldo di Seloge consistente in un'opera fortificata dotata di un cannoncino, fucili mitragliatori e ben munita di reticolati.
L'azione, che doveva essere appoggiata da un pezzo da 75/13, non ebbe luogo nel corso della giornata anche perché, sia per le difficoltà di terreno incontrate, sia per l'azione dell'artiglieria avversaria, il prezzo non poté prendere tempestivamente posizione nella zona assegnatali.
La reazione avversaria ostacolava qualunque movimento inteso ad avvicinare i reparti alle posizioni da attaccare e nessuna azione di sorpresa poté essere attuata in quanto il nemico aveva esattamente individuato e inquadrato con i propri tiri tutte le posizioni sulle quali erano attestate le nostre truppe avanzate.
Il *Tirano* effettuò una forte ricognizione in direzione di Col des Fours con la 48ª compagnia che si portò fino ad un chilometro dal Colle spingendo ardite pattuglie al comando di ufficiali fino ad entrare nel raggio del tiro efficace dei fucili e delle mitragliatrici che coronavano il ciglio tattico delle posizioni nemiche del Colle.
La 87ª compagnia del battaglione *Duca degli Abruzzi* e il reparto alpieri raggiunsero il Collo d'Enclave occupato il giorno prima da un plotone della stessa compagnia.
24 giugno 1940.
La ricognizione della 48ª compagnia aveva svelato una robusta organizzazione difensiva nemica armata di numerose armi automatiche e di artiglierie di piccolo e

medio calibro che agivano con tiri incrociati e a sbarramento di tutta la testata dell'impluvio che da Valle Glaciers attestava al Colle des Fours.
L'*Edolo* era riuscito ad accertare che il caposaldo di Seloge era costituito da un sistema di opere e postazioni molto più complesse e robuste di quanto ritenuto in precedenza.
Praticamente la lotta tra il 5° e il nemico si ridusse ad un insostenibile duello tra gli alpini dell'*Edolo* e del *Tirano* e un notevole numero di batterie avversarie che concentravano il loro tiro sui nostri reparti.
L'organizzazione difensiva avversaria era tale da non poter essere superata con i soli mezzi di fanteria e di artiglieria alpina senza una adeguata disponibilità di artiglierie di medio calibro atte a neutralizzare efficacemente l'offesa nemica.
In queste condizioni i reparti del 5° si organizzroano allo scopo di mantenere saldamente le posizioni raggiunte esplicando attiva vigilanza atta a sfruttare qualunque indizio di cedimento da parte del nemico.
Nella serata del 24 giugno il comando del 5° ricevette notizia dal Comando di Divisione che alle ore 19,35 era avvenuta la firma dell'armistizio e ordinò ai reparti dipendenti di sospendere ogni movimento allo scopo di evitare ulteriori perdite.
L'avversario continuò per tutta la giornata fino a notte inoltrata i suoi intensi tiri di artiglieria e, infine, tra le ore 23,40 e le ore 23,55, effettuò un ultimo intensissimo concentramento di fuoco su tutte le posizioni occupate dal 5°.
Alle 1,35 del 25 giugno cessava completamente la lotta su tutto il fronte.
Il Comandante del 5° nella *Conclusione* della sua relazione dice:

> L'azione affidata alla mia colonna ha avuto netto carattere di operazione di movimento, in terreno non precedentemente riconosciuto con organizzazione potuta imbastire all'ultimo momento, senza preparazione di artiglieria, in condizioni difficilissime naturali per asprezza e altitudine degli ostacoli da vincere, condizioni aggravate dalle più avverse difficoltà meteorologiche, azione affidata e svolta essenzialmente da reparti alpini senza possibilità di un adeguato appoggio del fuoco d'artiglieria.
> Tuttavia, come ho già messo in rilievo, tutti i miei dipendenti hanno affrontato la dura prova animati dal più elevato morale, da alto spirito di sacrificio, forte sentimento del dovere dimostrando tenacia, aggressività, calma e freddezza veramente ammirevoli. Alla pari dei combattenti, anche gli addetti ai servizi, e specialmente a quello sanitario, si prodigarono nell'assolvimento coscienzioso e senza sosta né riposo, del proprio dovere.
> I comandanti dei battaglioni *Edolo* e *Tirano*, in particolare, hanno esplicata brillante azione di comando, mettendo in evidenza le loro doti di capacità alla cooperazione tattica e la loro disciplina spirituale per cui essi furono sempre pronti in ogni momento a dare intelligente esecuzione ai miei ordini".

Nei quattro giorni di lotta il 5° catturò 15 prigionieri, 5 fucili mitragliatori ed altre armi e materiale vario senza dover lamentare prigionieri lasciati in mano nemica o armi perdute.
Le perdite subite dal 5° nelle operazioni sul fronte alpino occidentale furono le seguenti:
caduti 18 (2 sottufficiali e 16 alpini );
feriti 105 (7 ufficiali, 2 sottufficiali, 96 alpini);

congelati 25 alpini.

Il 26 giugno il comando del 5° sostituì i battaglioni *Edolo* e *Tirano*, in occupazione avanzata, a mezzo di reparti del battaglione *Duca degli Abruzzi* il cui comandante assunse la responsabilità dell'occupazione in Valle Torrente Glaciers da Col d'Enclave a Ville des Glaciers.

Il giorno stesso tutto il 5°, con i servizi, si riunì nella zona di Cantina de la Visaille e il giorno 30 si trasferì a Valdigna d'Aosta [oggi Morgex, ndA] dove i reparti provvedettero al loro riordinamento e ripresero le normali istruzioni.

Dopo una sosta nella zona di Fenis, dal 9 al 29 luglio, il 5° si trasferì nel Trentino e precisamente nella zona Andalo, Fai, Cavedano e successivamente a S. Virgilio di Marebbe.

Verso la metà di ottobre ebbe inizio il congelamento degli appartenenti alle classi 1913 e più anziane.

I reparti attesero alle normali istruzioni ed effettuarono esercitazioni varie.

Nei giorni 21 e 22 ottobre i reparti del 5° si trasferirono a Merano e dintorni dove ebbero inizio le operazioni di approntamento e completamento.

Da ricordare i tre battaglioni *Valle* del 5° mobilitati nell'autunno 1939.

I tre battaglioni *Val d'Intelvi*, *Valtellina* e *Val Camonica*, unitamente a cinque batterie di artiglieria alpina, costituivano il 5° Gruppo Alpini *Valle* inquadrato nel II Raggruppamento Akoubu. Questi faceva parte del II Corpo d'Armata al quale era assegnato il Settore Operativo Po- Maira- Stura, dal Monte Granero al Torrente MIllieres.

Nel corso dei quattro giorni di aspra lotta condotta dalle colonne del Col de la Seigne (5° Alpini), del Piccolo San Bernardo, del Col du Mont e dalle truppe del Settore Germanasca Pellice, il II Raggruppamento Alpini il giorno 22 mosse dalla testata della Val Varaita e raggiunse, al di là dell'Ubaye, l'obiettivo assegnatogli, la Montagne de Cristillan, senza incontrare resistenza.

Al termine della battaglia del fronte Alpino Occidentale i tre battaglioni *Valle* vennero sciolti e gli elementi idonei vengono destinati a completare i battaglioni permanenti del 5°.


### Il 7° Reggimento Alpini.

Alla vigilia dell'ultima guerra il Settimo - comandato dal col. Ghe - aveva reclutati tutti i suoi battaglioni inquadrati nella divisione *Pusteria* agli ordini del gen. De Cia. Riunitosi d'urgenza nella sede stanziale, il *Feltre* si trasferì in treno a Col di Nava e, dopo quindici giorni di attendamento, si portò a Demonte e infine a Vinadio; marcia a piedi fino al Colle della Maddalena, arrivo all'Argentera, inoltro per la valle del torrente Puriac e verso l'omonimo colle, privi di carte topografiche della zona e con gli alpini someggiati anche delle munizioni per mortai da 81.

Il battaglione *Cadore* partì da Tai il 2 giugno raggiungendo a scaglioni il Col di Nava e infine la zona d'impiego a Colle di Lago dei Signori, con dislocazione tra Goletta e il terrazzo mediano di Rio Bail.

Il battaglione *Belluno*, in seconda schiera nella zona tra Monte Mart e il Colle di

Tenda, proseguiva intanto i lavori di riattamento stradale e di sgombero della neve; spostatosi in Valle Stura si predispose per l'offensiva a sinistra del Colle della Maddalena.

La notte sul 23 giugno i tre battaglioni erano pronti all'attacco: il *Feltre* e il *Belluno* in primo scaglione; in secondo scaglione il *Cadore*, a disposizione a Passo Lauzanier. Le operazioni iniziarono in mezzo alla tormenta di neve, con freddo acutissimo e fitta nebbia; l'obiettivo era di invadere la valle di Lauzanier occupando q. 2771 e poi, unitamente all'11° Alpini, penetrare nella valle Abries raggiungendo Jausiers.

Superato il confine, il *Feltre* puntò con la 64a su Enchostraye, Lac de Lauzanier e le quote 2927, 2765 e 2605, con la 65a su quota 2703, il Lac des Homes e q, 2618; di rincalzo era la 66a compagnia. Senza incontrare reazione nemica ma contro l'imperversare dei maltempo, la 64a raggiunse il centro di Vali d'Abries già la sera del 23 giugno.

I difensori francesi iniziarono a fronteggiare con artiglieria e mortai dal Tourillon e da Col des Fourches, con nutrito fuoco di mitragliatrici dalle caverne del Sommet de la Tour; la reazione proseguì a tratti fino al mattino, ma il battaglione riuscì ugualmente a raggiungere il fondo della valle operando di sorpresa e portandosi alle spalle delle direttrici del fuoco avversario.

Nell'immediato pomeriggio del 24 giugno il *Feltre* riprese l'esecuzione dell'ordine operativo che prevedeva la discesa dal Lauzanier e, attraverso Les Sagne e la riva sinistra di Val d'Abries, l'occupazione di Jausiers.

L'aggravarsi dei maltempo e l'incessante reazione avversaria determinarono altri vuoti nei battaglione e consigliarono un riordinamento e l'attesa di due compagnie di rinforzo del battaglione *Trento* dell'11° Alpini le quali giunsero infatti alle ore 22; prima dell'alba del 23 giugno, mentre il *Feltre* si apprestava a riprendere l'avanzata, giunse l'ordine di sospendere le ostilità per sopravvenuto armistizio.

Il battaglione Cadore, col quale era il comandante del reggimento, aveva raggiunto il Colle Lauzanier al mattino del 23 giugno, serrando poi sotto il *Feltre* e il *Belluno* impegnati nella dura avanzata, e tenendo come obiettivo, unitamente a quest'ultimo reparto, il Passo di Gregoire. Frequenti furono i casi di assideramento e non pochi i caduti e i feriti sul costone del Lauzanier, ma il battaglione avrebbe ugualmente conseguito la conquista delle posizioni del Sommet de la Tour se l'armistizio non l'avesse fermato.

Il battaglione *Belluno* - diviso in più colonne - partì dalla displuviale di Passo Goretta mirando ad impadronirsi della cresta spartiacque tra q. 2618 e q. 2771: 78a avanzata, 77° e 79° di rincalzo.

Notte all'addiaccio alla capanne Donadieu e proseguimento, all'alba del 24 giugno, per il Col du Quartier d'Août dove un gruppo di osservatori avversari fuggì dando l'allarme e determinando l'intervento dell'artiglieria francese.

Il battaglione subì alcune perdite tra cui il capitano Gobbitta, e numerosi congelamenti; con la notizia della sospensione delle ostilità il *Belluno* ebbe l'ordine di portarsi a Jausiers a disposizione della Commissione di Armistizio.

Il *Feltre* scese invece a Mondovì rimanendovi venti giorni, poi a Dobbiaco e infine a S. Candido.

Il battaglione *Cadore* si portò a Gaiola passando poi a Montalto di Mondovì e

Dobbiaco, accampandosi a Valle S. Silvestro e infine a Dobbiaco Vecchia e a Villalassa.

Degna di segnalazione è l'opera svolta sul fronte occidentale dai battaglioni *Valle* del 7°.

A Cuorgné il «Val Cismon» fece parte - con i battaglioni *Intra* e *Val Brenta* e il gruppo *Val d'Orco* d'artiglieria alpina – del raggruppamento mandato dal gen. Girotti e che - alla dichiarazione di guerra - si dispose a Viù, in Valle Stura, occupando la zona di frontiera sulla destra del Rocciamelone.

Trasferito d'urgenza a Pré Saint Didier il *Val Cismon* raggiunse il Piccolo S. Bernardo e - nella notte tra il 23 e il 24 giugno - attaccò le posizioni francesi sfondando, malgrado la violenta reazione, verso Villar e raggiungendo Séez che rappresentò il punto di penetrazione massima delle truppe italiane in Francia.

L'armistizio fermò il *Val Cismon* mentre si apprestava a marciare verso il fondo della Valle Isera per occupare borgo San Maurizio in Val Tarantasia; fermatosi a Séez fino a ottobre, venne sostituito dal battaglione *Val Piave* che faceva parte del 4° Gruppo Alpini Valle comandato dal col. Amedeo Frati.

Allo scoppio delle ostilità il *Val Piave* si trovava allo sbarramento di Croce Roley e del Nivolet e alcune squadre tentarono - fin dal 16 giugno - un colpo di mano contro i francesi a Punta Galisia e sul Colle Basagne che non riuscì a causa della tormenta e della neve.

Spostatosi il 18 giugno alla testata di Valle Roma, Punta Basei, Colle Nivoletta, a Introd il giorno 20, e il 22 a Col du Mont, il battaglione *Val Piave* superò la frontiera portandosi alla Motte nei pressi di Le Crôt dove il confratello *Val Cordevole* stava dando battaglia e al quale diede il cambio nel pomeriggio

del 23 giugno; intensa fu l'attività specie della 275° compagnia che occupò Planey Dessous e Planey Dessus arrivando con alcuni reparti su Montalbert. Anche la 268a spinse l'azione oltre S. Guerin e, superato Montes, raggiunse Plan Bois.

Il successivo giorno 24 anche Le Villard venne occupata da un plotone della 275°, mentre la 268° superava La Rosière e Plan Bois obbligando il nemico a ripiegare sulla Thuile; di rincalzo era la 267° che provvedeva tra l'altro a recuperare il notevole materiale abbandonato dall'avversario.

I francesi reagirono violentemente fino all'ultimo minuto fissato dall'armistizio, e gli ufficiali dei *chasseurs des Alpes* s'incontrarono poco dopo con i comandanti dei nostri reparti a riconoscimento del reciproco valore dimostrato.

Il *Val Piave* rimase in zona di armistizio per vari mesi a Sainte Foy, a Les Masures, a Le Miroir, a Planey Dessus e infine, subentrando al *Val Cismon* a Séez; a fine ottobre. dopo aver sostato ad Aosta, il battaglione ritornò a Tai di Cadere.

Il battaglione *Val Cordevole* si trovava in Val Grisenza quando l'inizio delle ostilità lo trovò frazionatamente dislocato a Planaval (comando e compagnia comando), a Revère (206° comp.), a Prariond 266°) e a nord di La Betthaz (275°), inquadrato nel 4° Gruppo Alpini Valle del col. Frati.

Selle prime ore del 21 giugno il battaglione *Val Cordevole* ebbe l'ordine di passare il confine al Col du Mont con lo scopo di attestarvisi occupando pure Sachère e raggiungendo Sainte Foy in Val d'Isère. La difficile e complessa operazione venne portata a termine, malgrado l'accanita difesa francese, senza alcun intervento dell'artiglieria, con il plotone arditi condotto dai tenenti Campanella e Sansone e che, con l'eroismo dei suoi uomini, spazzò gli ostacoli più gravi che si frapponevano a raggiungere La Motte, con la 276° compagnia avanzata che sfidò il fuoco vomitato dall'avversario dalla munita quota 2720, dalla 266° compagnia che immediatamente seguiva di primo rincalzo e dalle restanti compagnie di secondo rincalzo.

Alla sera gli alpini del *Val Cordevole* avevano raggiunto Fontaines d'en Haut, e il successivo giorno - riforniti di munizioni - si attestarono a sud di Le Viliard per coprire il fianco sinistro dell'avanzata verso Borgo S. Maurizio; una compagnia avversaria venne dispersa da un plotone comandato da Zanibon e molti furono gli attacchi con bombe a mano.

Il bombardamento nemico si fece più intenso nella notte del 23 giugno tempestando i valloni di S. Claude e di La Motte dove stavano penetrando i battaglioni *Val Piave* e *Ivrea*: la 276° compagnia del *Val Cordevole* contribuì a ripulire i boschi dai nuclei di resistenza francesi.

Passato in secondo scaglione nel pomeriggio, il *Val Cordevole* ebbe l'ordine di serrare sotto l'«Intra» e di tornare successivamente verso Fontaines d'en Hau: dove si accantonò la 266°, mentre la 206° si stabilì a Le Crôt, la 276° a Plan du Pré e il comando ad Auvet.

Alla fine di ottobre dei 1940 i battaglioni *Valle* vennero sciolti o i loro effettivi passarono agli altri battaglioni del Settimo con i quali dovevano vivere l'altra dura ma gloriosa impresa sul fronte greco-albanese ".

---

"Storia del 7 Alpini", *Fiamme Verdi*, Conegliano, agosto 1966, tratto da M. Barilli, *Storia del 7° Alpini*, Agorfo 1958-.

**Rifornimento di carburante ad un Savoia Marchetti SM79** *Sparviero* **prima di una missione sulla Costa Azzurra.**

**Un Savoia Marchetti SM79 *Sparviero* in un aeroporto sul fronte occidentale**

Il generale Francesco Pricolo, Capo di Stato Maggiore dell'Aeronautica, visita un campo di volo sul fronte occidentale

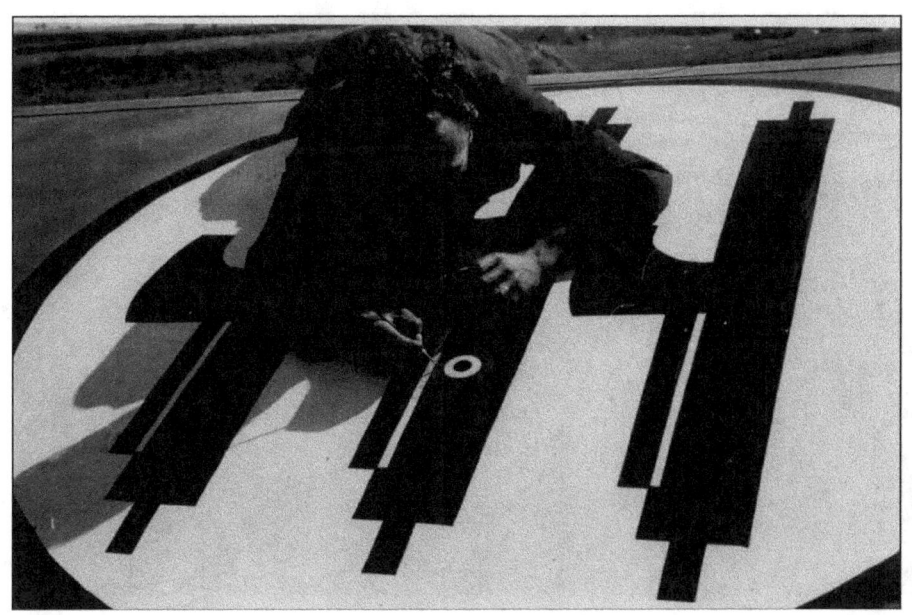

**Un aviere dipinge un cerchio blu bianco rosso intorno al foro di un proiettile della contraerea francese (sopra)**

**Rifornimento di bombe e carburante ad un BR20 *Cicogna* (sotto)**

**Bombardieri FIAT BR20 *Cicogna* sul campo dell'aeroporto di Cameri (Novara) nel giugno 1940**

**Rifornimento di carburante ad un bombardiere BR20**

**Bombardieri Fiat BR20** *Cicogna* **(sopra) e Savoia Marchetti SM79** *Sparviero* **(sotto) in volo sulla Costa Azzurra**

**Bombardieri FIAT BR20 *Cicogna* in volo sulla Costa Azzurra**

**Rifornimento di bombe ad un SM79 in un campo di aviazione sul fronte occidentale**

**Revisione di un SM 79 *Sparviero* in un campo di aviazione prima di un bombardamento sulla Costa Azzurra**

**Caricamento delle bombe prima dell'azione**

**Bombe in un campo d'aviazione sul fronte occidentale**

# LA REGIA AERONAUTICA
# NELLA CAMPAGNA DELLE ALPI

Veniamo al contributo della Regia Aeronautica. Secondo i suoi capi, il bombardamento di fortificazioni alpine era, come scrive il generale Santoro, *l'impiego più assurdo e meno redditizio che si potesse immaginare*, gli equipaggi erano *stupiti di un impiego mai previsto negli studi e nelle esercitazioni di pace*.
Su 285 apparecchi da bombardamento che si alzarono sulle Alpi tra il 21 e il 24 giugno, più della metà tornarono alla base senza avere individuato gli obiettivi; gli altri sganciarono le bombe senza risultati apprezzabili per colpa del maltempo imperversante.
I bombardamenti sulla Francia meridionale ebbero risultati migliori secondo l'aeronautica italiana (con perdite assai elevate, secondo le fonti francesi: ma gli italiani persero solo dieci velivoli in tutta la campagna, di cui cinque caccia abbattuti prima dell'inizio dell'offensiva italiana, il 15 giugno: ennesima fantasiosa riscrittura della storia da parte transalpina!), ma scarsa incidenza sulla battaglia in corso.
Gli accordi presi fra gli Stati Maggiori Generali tedesco e italiano, prima dell'entrata in guerra dell'Italia, prevedevano che:
– le zone rispettive di operazione sarebbero state, per l'Italia, la zona del territorio metropolitano francese a Sud del 45° parallelo (linea Bordeaux- Valence); per la Germania il territorio metropolitano francese a Nord del 47° parallelo (linea Les-Sables d'Olonne- Pontarlier).
In seguito a questi accordi, gli obiettivi assegnati nelle grandi linee alle grandi unità aeree nel primo piano di guerra contro la Francia (Piano del 12 aprile 1940) emesso dallo Stato Maggiore della Regia Aeronautica, erano i seguenti:

PRIMA SQUADRA (VALLE DEL PO)
– attacco degli obiettivi metropolitani francesi a Sud del 45° parallelo
–eventuale concorso all'offensiva contro la Corsica.
–

SECONDA SQUADRA (SICILIA)
– attacco degli obiettivi della Corsica e del territorio metropolitano francese a Sud del 45° parallelo
–impedire il traffico marittimo fra la Corsica e la Francia.
–

AVIAZIONE DI SARDEGNA
– attacco degli obiettivi della Corsica, della Tunisia e dell'Algeria)
– concorso alle operazioni di guerra sul mare fra l'Africa del Nord francese e le coste meridionali
   della Francia.
– eventuale concorso all'attacco degli obiettivi del territorio metropolitano francese a Sud del 45°
   parallelo.

AVIAZIONE DELLA LIBIA

– -attacco degli obiettivi della Tunisia
–
AVIAZIONE MAR EGEO
– attacco ad obiettivi della Siria
Per tutte le grandi unità, difesa aerea del territorio della propria giurisdizione ecc.

Dal 17 Giugno, a causa dell'avanzata troppo rapida del fronte tedesco, il piano fu modificato; la *Luftwaffe* poteva agire fino al 45° parallelo e la Regia Aeronautica limitava la sua azione al di sotto del 45° parallelo, in direzione Ovest del Rodano che non era mai stato, fino ad allora, oltrepassato.
Sul fronte francese operava la 1° Squadra aerea - SQA1 con tre stormi da bombardamento e tre da caccia (3°, 53° e 54°), appoggiata anche dalla 2° Squadra aerea - SQA2 e dall'Aeronautica della Sardegna contro la Corsica e la Francia meridionale.
I Fiat C.R.42 *Falco* evidenziarono carenze in termini di velocità e armamento nei confronti dei francesi Dewoitine D.520 e Morane- Saulnier MS.406.
L'*Armée de l'Air* organizzò dei raid notturni contro Torino obbligando la Regia Aeronautica a creare la sua prima unità di caccia notturna, denominata *Sezione Caccia Notturna*, basata nell'aeroporto di Roma-Ciampino e dotata di tre C.R.32 dipinti di nero e dotati di scarichi antifiamma.
Il 13 giugno venne bombardato il porto di Tolone dai Fiat BR 20 *Cicogna*, mentre i C.R.42 attaccavano le basi aeree della Provenza. Venne abbattuto un caccia francese ed altri furono distrutti a terra, senza che i C.R.42 subissero perdite; due BR20 furono abbattuti dalla contraerea di Tolone.
Il più grande scontro aereo della campagna si ebbe il 15 giugno tra dodici C.R.42 del 3° e del 53°Gruppo e sei D.520 del *Groupe de chasse* III/6: i caccia italiani vennero colti di sorpresa e l'*adjuntant* Pierre Le Gloan abbatté due C.R. 42, mentre gli italiani riuscirono ad abbattere cinque dei sei D.520, malgrado la superiorità tecnica dei caccia francesi monoala, di prestazioni simili ai Me BF109 tedeschi, sui biplani italiani; più tardi Le Gloan abbatté un altro caccia italiano appartenente ad una nuova formazione su Hyére, e tornando alla propria base la trovò sotto attacco, riuscendo ad abbattere il C.R.42 del capitano Luigi Filippi, comandante la 75ª Squadriglia; gli italiani da parte loro poterono rivendicare nella giornata l'abbattimento di otto velivoli francesi, tre Bloch 152 appartenenti alla *Esquadrille de .chasse* 3 oltre ai cinque Dewoitine D.520 già ricordati[30].
Nei giorni successivi gli aerei italiani non incontrarono pù la caccia nemica.
Il 17 giugno, gli italiani bombardarono per rappresaglia per i bombardamenti su Torino e Genova il centro di Marsiglia, uccidendo 143 persone e facendo 136 feriti.
Il 21 giugno gli aerei italiani bombardarono il porto di Marsiglia in un *raid* diurno e in un successivo attacco notturno, giungendo dal mare dopo aver aggirate le Alpi.
Agli attacchi delle difese e del porto di Marsiglia parteciparono anche i gruppi della Terza Squadriglia (Toscana-Lazio)
Combattimenti aerei si ebbero anche nei cieli della Tunisia, con perdite da ambo le

---

[30]G. Apostolo, *Fiat CR42*, Torino 1995, pp.12-13.

parti. Il 17 giugno, alcuni idrovolanti CANT Z.506B della 4ª Zona Aerea in Italia meridionale si unirono ad alcuni SM.79 per bombardare Biserta in Tunisia. Le ultime operazioni aerei italiane contro la Francia si ebbero il 19 giugno per opera degli aeroplani delle 2ª e 3ª Squadra Aerea dalla Sardegna contro bersagli in Corsica e Tunisia.

Una volta deciso di attaccare sul fronte terrestre, e l'Aeronautica ebbe l'ordine dal Comando Supremo che gli obiettivi ad essa assegnati erano quelli di bombardare e tentare di distruggere i forti della difesa francese delle Alpi, la 1a Squadra Aerea del generale Rino Corso Fougier, e tenersi pronta a mettersi a completa disposizione del Comando del Gruppo Armate Ovest, a iniziare dal 21 giugno.

La grande unità aerea, che già disponeva di quattro Stormi da bombardamento (13°, 16°, 18°, 43°) con velivoli bimotori Br.20, e di tre Stormi da Caccia (3°, 53° e 54°) con velivoli biplani C.R..42, fu rinforzata con i bombardieri B.R..20 del 31° Gruppo, i bombardieri S.M. 79 del 59° Gruppo, i velivoli B.A.88 del 7° Gruppo Combattimento, e con quelli di due Gruppi da caccia: i G.50 del 22° Gruppo, e i Cr.R.42 del 9° Gruppo. Q
uindi per tre giorni, dal 21 al 23 giugno, i reparti aerei della 1 a Squadra Aerea in Piemonte e Lombardia e della 3a Squadra Aerea nell'Italia Centrale furono "coinvolti" in quello che il generale Santoro, Sottocapo di Stato Maggiore della Regia Aeronautica,definì, come ricordato *l'impiego più assurdo ed incoerente contro opere fortificate montane.*

Nei tre giorni di attacchi alle fortificazioni, che sbarravano la strada all'Esercito, le forze aeree vagando fino al limite dell'autonomia tra ammassamenti nuvolosi che non permettevano di distinguere con sicurezza gli obiettivi prestabiliti, tranne quando si aveva qualche squarcio di cielo sereno, si impegnò generosamente. Furono complessivamente impiegati – scortati da 140 aerei da caccia – 285 velivoli da bombardamento, dei quali soltanto 115 riuscirono a raggiungere, ad e individuare il bersaglio e ad effettuare il tiro nelle ore rigorosamente descritte, sganciando su gli obiettivi circa 80 tonnellate di bombe di vario calibro. concluse con: *I risultati raggiunti dal bombardamento devono essere stati indubbiamente assai modesti,* scrisse Santoro, né potevano essere migliori nelle condizioni in cui si svolgevano i combattimenti terrestri, con le unità dell'Esercito "ostacolate dalle nevicate e dalle tormente, mal protette dal freddo, insufficientemente appoggiate dall'artiglieria, prive di mezzi motorizzati e corazzati"

Dai resoconti giornalieri della Prima Squadra dell'Aeronautica si rileva che dall'11 al 20 giugno, a parte gli attacchi del 13 su Tolone, Fayence, Hyères e St. Mandrier,compiuti arrivando dal mare, e quelli del 15 sui campi di Cuers, Pierrefeu e Cannet des Maures, tutti gli altri giorni furono dedicati a voli di ricognizione e di protezione delle frontiere, in situazione di forte maltempo e che peggiorerà ancora dopo il 20, quando fu dato l'ordine di sostenere l'offensiva nelle Alpi . Il sostegno dell'aviazione consistette, il 21-22 e 23 giugno, nel bombardare, malgrado le avverse condizioni atmosferiche le roccaforti di Bourg St.Maurice,Traversette, il ponte sull'Isère, la roccaforte del Piccolo San Bernardo, ferrovia, strade, le roccaforti di Janus, di Gontran, di Tre Teste, di Chenaillet, della Falconnière, del Mont Ours, della Brete, di St. Agnès e di Cap St. Martin.

Il 21 giugno, 9 bombardieri italiani attaccarono il cacciatorpediniere francese *Le Malin*, danneggiandolo.

Intanto il 22 giugno la Francia capitolò, lasciando libera la 5ª Squadra Aerea in Libia, fino a quel momento pronta a colpire la Tunisia, di concentrarsi sul fronte egiziano. Durante la battaglia delle Alpi Occidentali la caccia italiana registrò 1.170 ore di volo, 11 attacchi al suolo e 10 aerei francesi abbattuti in combattimento ed altri 40 distrutti a terra.

I bombardieri italiani sganciarono un totale di 276 tonnellate di bombe nel corso di 716 missioni di bombardamento[31]

Per quanto riguarda il comportamento dei francesi nei confronti dei piloti italiani abbattuti, il colonnello de Mollans segnala che i due piloti italiani, i cui aerei erano stati abbattuti il 15 giugno e che erano atterrati col paracadute, furono invitati alla mensa degli aviatori, prima di essere internati, in compenso, il gen. Santoro segnala che, se per uno dei due bombardieri BR20 abbattuti il 13 giugno, due aviatori furono ripescati in mare, per l'altro aereo, i tre aviatori furono mitragliati durante la loro discesa col paracadute; tutti e tre furono colpiti, uno arrivò a terra senza vita, il secondo fu finito a terra a colpi di calcio di fucile, il terzo dovette la sua vita al fatto di essere caduto in un giardino privato dove fu protetto e curato da dei civili prima di essere consegnato alle autorità

Nelle regioni tra Parigi e Bordeaux non si è ancora estinta la leggenda dei crudeli bombardamenti degli aerei italiani sulle colonne di profughi nel giugno 1940.

Dall'11 giugno nella Seine- et- Marne e fino al 22 giugno in Corrèze, migliaia di testimoni "videro" nel cielo degli aerei italiani venire a bombardare e mitragliare i civili in fuga; durante tutta l'occupazione, questi testimoni descriveranno con dovizia di particolari i bombardamenti ed i mitragliamenti italiani.

La maggioranza dei testimoni parlavano di *coccarde tricolori*, di aerei *perfettamente riconoscibili dalle loro coccarde verde-bianco-rosso (verde all'esterno)*, di *coccarde verdi-bianco-rosso*, di *coccarde del loro paese*. Altri scambiavano aerei tedeschi per degli aerei italiani affermando di aver visto, sugli aerei *italiani*, una *croce di Malta nera* oppure *una croce nera*

Si trovarono pure testimoni bene informati per affermare di essere stati attaccati da aerei *Caproni* o da dei *Savoia* ; uno dei *testimoni* dopo la guerra parlò addirittura di *Macchi 202* che entrò in servizio solo nel 1942.

Altri ancora si basavano sulla direzione di volo per dedurne che non poteva trattarsi che di italiani.

L'aviazione italiana non aveva l'intenzione, né la possibilità di arrivare così lontano, ma per decenni molti testimoni hanno giurato di avere riconosciuto le coccarde tricolori sulle ali degli aerei che li attaccavano (gli aerei italiani avevano sulle ali una cerchio bianco con tre fasci littori e non il tricolore!); una menzogna nata dalla propaganda bellica francese e perpetuata per lunghi anni. L'ennesima sulla campagna del 1940 nata dalla fertile mente transalpiuna, si potrebbe dire...

---

[31] Ciò non impedisce al Rochat di scrivere nel suo zibaldone: *Praticamente nullo il contributo dell'aeronautica* (Rochat 2005, p. 251)

Nel dicembre.1944, il Ministero dell'Aeronautica del Regno d'Italia aveva smentito che vi fossero stati sorvoli di aerei italiani oltre il Rodano durante i 14 giorni di guerra franco-italiana.
Ecco il testo della smentita che fu pubblicato dal Ministero Italiano dell'Aeronautica nel *Giornale dell'Aviazione*
del 7 dicembre 1944:

> Da qualche tempo pare che nei circoli diplomatici e militari francesi, venga dato credito a voci, già diffuse negli ambienti popolari della Francia del Nord, circa una presunta partecipazione degli aviatori italiani a bombardamenti e a mitragliamenti operati dalla Luftwaffe contro le popolazioni civili che si ammassavano sulle grandi vie di comunicazione a Nord e a Sud di Parigi nel corso dell'offensiva del 1940.
>
> In merito all'aviazione caccia, le voci di popolo avrebbero affermato che, congiuntamente agli Stukas tedeschi, aerei italiani portanti sotto le ali delle insegne tricolori, avrebbero bombardato in picchiata le popolazioni.
>
> Non è difficile provare la mancanza di fondamento di questa prima affermazione.
>
> Da quali basi questi aerei sarebbero potuti partire? Evidentemente solo da basi situate in Belgio o in Germania occidentale poiché è noto che gli aerei da caccia italiani dell'epoca avevano un raggio d'azione inferiore ai 200/300 Km.
>
> In quel periodo la collaborazione italo-tedesca nel settore aereo era ancora lontana dal suo realizzo.
>
> E' più che provato che nessuna unità o gruppo aereo italiano fu inviato al Nord prima della fine della campagna di Francia.
>
> Le voci avrebbero addirittura affermato che qualche bombardamento fosse stato effettuato da aerei BR 20.
>
> Anche qui non è difficile evidenziare l'impossibilità tecnica di tali bombardamenti. Tenendo conto che le caratteristiche di questi aerei non permettevano l'attraversamento diretto delle Alpi con il carico di guerra previsto per gli aerei in decollo dalla Valle del Po, si può affermare che il BR 20 di serie non aveva l'autonomia sufficiente per operare nella regione parigina.
>
> Gli atti bellici compiuti dall'aviazione italiana, subito dopo la dichiarazione di guerra, contro gli aeroporti, le basi e le roccaforti francesi, sono stati limitati ad obiettivi situati nella Francia Meridionale, quindi ben lontani dalla regione parigina. Inoltre il numero degli obiettivi in questione ed il numero di aerei partecipanti alle azioni fu estremamente limitato.
>
> In quanto alle insegne della nazionalità, è appurato che, dal 10 Giugno 1940 all'8 Settembre 1943, gli aerei italiani non hanno mai portato insegne tricolori sulle ali e nemmeno sul timone.
>
> Le insegne dipinte sulle ali erano costituite da tre fasci paralleli, neri su fondo bianco, o viceversa, bianchi su fondo nero. Le fusoliere avevano una fascia bianca ed i timoni di coda una croce bianca caratteristica.
>
> Per quanto concerne le insegne ci sembra buona cosa ricordare, oltre alle testimonianze note (il comunicato si riferisce ad una informazione apparsa nel giornale parigino *Italia libera* pubblicato dai fuoriusciti antifascistidel 28 Ottobre 1944, ndA) circa l'impiego da parte dei tedeschi di aerei francesi appena catturati, che alte personalità belghe affermarono qualche anno fa a degli ufficiali italiani, che gli aviatori belgi si erano difesi nei giorni dell'invasione tedesca con aerei caccia di fabbricazione italiana portanti insegne tricolori ma che queste insegne erano con i

colori belgi o francesi e non italiani e che questi aerei si erano battuti contro i tedeschi e non contro la popolazione.

E' potuto quindi verificarsi facilmente un equivoco. Soprattutto se si pensa alle condizioni psicologiche della sconfitta e al terrore delle sfortunate popolazioni sulle strade, spesso mescolate e a volte precedute da colonne corazzate tedesche.

Le precisazioni sui modelli aerei CR 42 e BR 20 possono derivare dal fatto che questi due tipi di aerei costituivano la quasi totalità dell'unità aerea italiana inviata in Belgio a metà Ottobre 1940, quando la campagna di Francia era terminata da tempo, e ritirata dopo qualche episodio bellico contro la costa sud-orientale dell'Inghilterra, nel Gennaio 1941.

A parte tutto questo, non vi possono essere dubbi se si tiene conto del modo tipico di condurre la "guerra lampo" da parte dei tedeschi, i quali non avrebbero di certo tollerato un'intromissione su obiettivi tattici, condotta in modo sporadico, da gruppi di aerei di nazionalità diversa, con basi piazzate ad una tale distanza e con una barriera alpina da superare.

Per concludere, è possibile affermare con certezza che la leggenda dei mitragliamenti e dei bombardamenti italiani sulle strade della Francia, è il risultato di una sovrapposizione nello spazio e di una trasposizione nel tempo dei fatti sopra-indicati; sovrapposizione generata dal risentimento e dallo spirito di rivincita contro gli italiani e favorita da qualche dettaglio.

Confidiamo che questi chiarimenti possano dissipare al più presto una storia calunniosa e alla quale il tempo renderà comunque giustizia

Da parte sua, due mesi più tardi, il Capo dell'Ufficio Stampa della Presidenza del Consiglio del Regno d'Italia, diffondeva il seguente comunicato, in data 13 febbraio 1945:

> Per andare a mitragliare nelle regioni del centro della Francia, gli aerei italiani, dato il loro raggio d'azione limitato, non avrebbero potuto che partire da basi situate in Belgio o in Germania.
> E' tuttavia provato che il Corpo di Spedizione aeronautico italiano è arrivato negli aeroporti del Belgio solamente nell'Ottobre del 1940, cioè quando la campagna di Francia era terminata da quattro mesi. Gli atti di guerra compiuti dall'aviazione italiana contro aeroporti, basi e fortificazioni dopo il 10 Giugno 1940 sono stati circoscritti alla Francia meridionale, in zone conseguentemente ben distanti da quelle dove si ammassavano i rifugiati civili francesi.

Con telegramma n.114 del 14 febbraio 1945, M. Couve de Murville, delegato del Governo Provvisorio della Repubblica presso il Consiglio consultivo degli Affari italiani a Roma, inviava il testo di questa dichiarazione a Georges Bidault, Ministro degli Affari esteri e confermava questo testo con lettera n.139 del 21 febbraio 1945, accompagnata dalle seguenti considerazioni:

> Queste dichiarazioni già riprodotte nel mio telegramma in chiaro n.114 del 14 Febbraio, sembrano essere state provocate da un recente articolo del R.P. Maydieu pubblicato in CARREFOUR sotto il titolo di: un religioso francese torna dall'Italia.

Ma, mentre il R.P. Maylieu evocava i mitragliamenti italiani sulle rive della Loira, il portavoce della Presidenza del Consiglio limita la sua smentita alla regione che va da Parigi a Tours.
E' possibile che, in questa regione, l'aviazione italiana non abbia mai avuto alcuna attività.
Il modo di presentare i fatti, che è forse stricto senso conforme alla verità, sembra nettamente tendenzioso se si pensa che il governo italiano cerca, con esso, di togliere, in una maniera più generale, la responsabilità all'aviazione italiana per i mitragliamenti dei civili francesi nel Giugno 1940.

Nonostante le precisazioni italiane del 7 dicembre 1944 e del 13 febbraio 1945, i francesi continuavano con le loro accuse.
Il ministero francese dell'informazione pubblicò. In data 24 Novembre 1945, un opuscolo che, ancora una volta, parlava dei bombardamenti e dei mitragliamenti italiani.
Alcide De Gasperi, capo della rappresentanza italiana alla Conferenza di Parigi sul trattato di pace, protestò. La protesta fu confermata da nota ufficiale su carta intestata dell'ambasciata reale d'Italia a Parigi, datata 11 dicembre 1945 ed indirizzata al ministero degli Affari Esteri.

Nota verbale.

In data 24 Novembre 1945, il Ministero francese dell'Informazione ha pubblicato, nella serie europea di *Note documentarie e Studi*, un opuscolo dal titolo: "Un secolo di storia, cronologia delle relazioni franco-italiane".
La rappresentanza del governo italiano, non volendo rilevare le numerose inesattezze, omissioni, presentazioni tendenziose di fatti che costellano questa esposizione, si limita a rilevare che questa non sembra quantomeno essere un utile contributo alla storia obiettiva dei rapporti tra la Francia e l'Italia nel periodo indicato.
Tuttavia, poiché alla pag. 34, alla data del 14 Giugno 1940, del suddetto opuscolo, si confermano, e questa volta in modo ufficiale, dei presunti bombardamenti di colonne di rifugiati civili nel centrodella Francia – informazione già smentita in svariate occasioni dalle competenti autorità italiane (comunicato dell'Ufficio Stampa del Ministero dell'Aeronautica in data 7 Dicembre 1944 e del Capo dell'Ufficio Stampa della Presidenza del Consiglio del 13 Febbraio 1945) – la Rappresentanza Italiana– in seguito alle procedure già fatte in via confidenziale – prega il Ministro degli Affari esteri di voler esaminare la possibilità di provvedere a mettere al corrente l'opinione pubblica francese dei chiarimenti dati dagli Uffici competenti del Governo italiano.
A tale scopo, la Rappresentanza del Governo italiano invia in allegato una traduzione in francese dei suddetti comunicati.

Parigi, 11 Dicembre 1945

Questa protesta ufficiale dell'Italia restò sconosciuta al grande pubblico e così anche i seguiti dell'inchiesta richiesta dal Ministro degli Affari esteri francese – al fine di dare risposta – al Ministro della Difesa, delle Forze Armate, al gen.Alphonse Juin, al 2eme Bureau, al Ministero degli Interni, tramite lettera, in data 18 dicembre 1945, il cui testo è il seguente:

La Delegazione del Governo italiano a Parigi ha protestato presso il mio dipartimento contro un paragrafo di un opuscolo recentemente pubblicato dal Ministero dell'Informazione nella serie europea di " Note documentarie e Studi", dove si affermano avvenuti mitragliamenti nel Giugno 1940, da parte di aerei italiani, diretti contro le colonne della popolazione civile in fuga.

Essendo stati questi fatti effettivamente confermati all'epoca da un numero di testimoni e ammessi dall'opinione pubblica, ci terrei particolarmente a sapere se i vostri servizi abbiano, in un qualsiasi momento, notato, per ciò che li riguarda, delle precisazioni formali di natura tale da stabilire la loro autenticità in modo inoppugnabile.

La delegazione italiana sostiene, inoltre, che l'operazione non sarebbe stata possibile se non partendo da aeroporti del Belgio o del Nord dove l'Italia, a suo dire, non aveva ancora inviato unità aeree. Sostiene anche che alcuni testimoni avrebbero parlato di aerei con coccarde tricolori, mentre gli aerei italiani ne erano sprovvisti, ma che avrebbe potuto trattarsi di aerei di fabbricazione italiana all'epoca in uso dall'aviazione belga e che avrebbero centrato degli elementi civili per errore o in seguito al loro frammischiarsi con elementi militari.

Vi sarei grato di farmi conoscere, inoltre, che cosa bisogna pensare di queste asserzioni.

In realtà a far la guerra contro i civili sarebbero state le truppe del Corp *Expeditionnaire Français* nell'estate del 1944, non solo i *goumiers* e i coloniali, ma anche i reparti formati di francesi come il 7eme *Chasseurs d'Afrique*, macchiando indelebilmente l'onore dell'esercito francese, per vendicare il tradimento del giugno di quattro anni prima. Ma questa è un'altra storia.

Mussolini visita le truppe al fronte. A destra il gen. Ubaldo Soddu,

**Mussolini passa in rassegna il btg. Alpini *Val Cismon* (sopra) e le CCNN del LXXXVI btg d'Assalto *Lucca* a Mentone il 1 luglio (sotto)**

**Ventimiglia. Mussolini e Badoglio passano i rassegna la divisione *Cosseria* (*sopra*)
Il Duce con un ferito nell'ospedale *Vittorio Emanuele III* di San Remo il 25 giugno 1940
(sotto)**

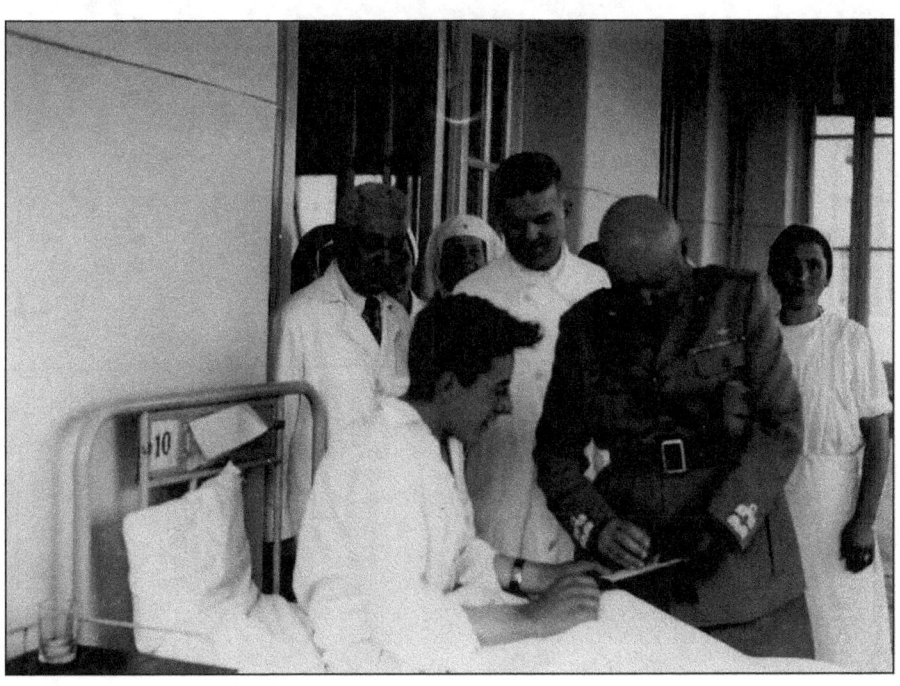

**La Francia dopo l'armistizio con la Germania e l'Italia**

# L'ARMISTIZIO DI VILLA INCISA

Come scritto in precedenza, già a partire dal 20 giugno e quindi prima ancora che iniziassero le operazioni militari, il governo francese tramite il governo spagnolo si era dichiarato disposto a discutere le clausole di un armistizio.

Il 22 giugno la delegazione francese firmò le clausole dell'armistizio con i tedeschi, e alla lettura dell'articolo 23, che imponeva la firma di un analogo armistizio con l'Italia, il generale Huntziger disse preoccupato: *Gli italiani potrebbero chiederci con un sovrapprezzo del tutto ingiustificato anche ciò che voi non ci avete chiesto. L'Italia ci ha dichiarato guerra ma non ce l'ha fatta.*

Il giorno successivo cominciarono le trattative per l'analogo documento italo-francese, con la delegazione francese che ovviamente ignorava che Mussolini aveva aderito al punto di vista di Hitler per quanto riguardava la flotta francese, e per il timore di ulteriori ricatti, con l'approvazione del maresciallo Pétain l'ammiraglio François Darlan inviò agli ammiragli invio ai comandi navali un telegramma che invitava a lanciare azioni a corto raggio contro i punti sensibili del litorale italiano se le condizioni italiane fossero state inaccettabili.

È indiscutibile che i francesi avevano accettato passivamente l'armistizio con la Germania per paura di ulteriori avanzate, ma si presentarono a Roma con le migliori intenzioni di non accettare in toto quello con l'Italia, fiduciosi di poter ancora trattenere sulle Alpi l'esercito italiano, sperando di trarre vantaggi da questa situazione.

Ogni timore si rivelò infondato fin dai primi contatti con Badoglio, Roatta e Cavagnari, i quali si dimostrarono subito disponibili e concilianti, anche perché Mussolini aveva rinunciato alle pretese manifestate nel promemoria di Monaco.

Secondo il generale Faldella l'atteggiamento di Mussolini di occupare soltanto i territori conquistati, rinunciando a raggiungere la linea del Rodano, l'occupazione della linea di comunicazione con la frontiera della Spagna, e neppure della Corsica, della Tunisia, dei presidi francesi in Africa, e le Basi navali di Orano, Algeri e Mers el Kebir, che servivano per la continuazione della guerra contro la Gran Bretagna, fu fortemente influenzata dalla decisione di Hitler di far trattare, dalla Germania e dall'Italia, i due armistizi separatamente, impedendo al Duce di poter disporre dell'autorità morale di imporre alla Francia dure condizioni di armistizio senza l'appoggio tedesco.

Quando la sera del 21 giugno il Duce comunicò le proprie decisioni al Maresciallo Badoglio e al generale Mario Roatta, Capo di Stato Maggiore dell'Esercito, quest'ultimo protesto, riuscendo ad ottenere da Mussolini la richiesta della creazione di una zona smilitarizzata di 50 chilometri ad occidente della zona occupata e la demilitarizzazione delle piazzeforti navali di Tolone, Biserta, Ajaccio e Mers-el Kébir- Orano.

Hitler voleva mostrarsi conciliante in vista dei tentativi di pace verso la Gran Bretagna, dando prova di moderazione verso la Francia sconfitta, e bloccando a Dunkerque le forze germaniche, salvando il *British Expeditionnary Force*: la storia

avrebbe dimostrato quanto grave sarebbe stato un tale errore,
Il 23 giugno la delegazione francese giunse a Roma per l'armistizio, che venne concluso il giorno dopo a Villa Incisa all'Olgiata, sulla via Cassia.
Il documento venne firmato dal Maresciallo d'Italia Badoglio e dal generale Hutzinger per la Francia.
L'Italia ottenne la smilitarizzazione di una zona di 50 chilometri lungo il confine italo-francese, la smilitarizzazione delle zone di confine delle colonie francesi in Africa settentrionale ed orientale, e la disponibilità delle principali piazzeforti militari francesi nel Mediterraneo
L'armistizio firmato a Villa Incisa prevedeva infatti clausole molto ridimensionate e che vennero accettate subito dai delegati francesi. La mossa stupirà gli stessi tedeschi che avevano approvato quasi completamente le richieste italiane formulate a Monaco. In esso era prevista l'occupazione da parte italiana di alcuni territori francesi di confine,che con il decreto del 30 luglio verranno annessi *de facto* al Regno d'Italia, la smilitarizzazione del confine franco-italiano, la zona segnata in giallo chiaro, e libico-tunisino, entrambi per una profondità di 50 chilometri, nonché la smilitarizzazione della Somalia francese (odierna Gibuti), e la possibilità da parte italiana di usufruire del porto di Gibuti e della ferrovia Addis Abeba-Gibuti.
Infine veniva prevista la demilitarizzazione delle piazzeforti navali di Tolone, Biserta, Ajaccio e Mers-el-Kébir.
Ecco come si svolsero le trattative armistiziali.
Nella notte Roatta e Ciano avevano preparato un nuovo testo ridotto per l'armistizio, la cui lettura tranquillizzò i delegati francesi, giunti alle 19.30 a villa Incisa: come detto, l'Italia chiedeva di presidiare solo il territorio occupato nel corso dell'offensiva.
. Come i delegati francesi finirono di leggere, Ciano, Badoglio, Pricolo e Roatta si si fecero loro incontro stringendo calorosamente le mani.
*I delegati fascisti*, fu l'impressione di Huntziger, *paiono sinceramente commossi, un poco contriti, forse umiliati.*
Huntziger chiese di consultare il suo governo, a Bordeaux, così si rinviò la discussione all'indomani, alle 10.30.
Huntzigerprese per primo la parola:

> Signor maresciallo disse rivolto a Badoglio, "la Francia è stata battuta dalle armi e noi siamo qui per firmare l'armistizio. Abbiamo però qualcosa da osservare e da sottoporre al vostro giudizio.
> Il comandante dell'aviazione francese generale Bergeret,"mi prega di ricordarvi il sacrificio della sua aviazione costretta a battersi contro i tedeschi nel rapporto di uno contro cinque. E vi chiede se potete rinunciare ai pochi aerei rimasti."

Badoglio acconsentì. Per ciò che riguardava la questione dei fuoriusciti:

> Noi abbiamo dato ospitalità in un momento in cui ciò non era contrastato dal diritto internazionale a persone che ora dovremmo consegnarvi. Voi capirete il nostro stato d'animo.

Badoglio si consultò con il conte Ciano e dichiarò che l'Italia rinunciava alla consegna degli antifascisti.

Strana dittatura quella che rinuncia a vendicarsi dei suoi avversari, in un Europoa dominata dagli Hitler, dai Franco e dagli Stalin!

La firma dell'armistizio avvenne alle 19.15: l'armistizio dovrebbe entrare in vigore sei ore dopo, ma non si attese neppure che giungesse l'approvazione formale di Bordeaux (che comunque era già d'accordo, come risultava dalle intercettazioni del S.I.M.) e lo si comunicò alla Germania e alla stampa.

> Permettete di ringraziarvi, disse Huntziger a Badoglio, per l'alto stile con cui avete diretto le trattative e di assicurarvi della immensa considerazione che la vostra persona ha nei nostri ambienti militari."
>
> Grazie, rispose il Maresciallo, i vostri voti sono i miei voti. La Francia è una grande nazione, ha una grande storia e sono sicuro che non le potrà mancare l'avvenire.

Il ministro degli Esteri Ciano ha lasciato nel suo Diario un quadro molto vivido di come si siano svolte le trattative armistiziali

> 22 GIUGNO – Attendiamo i delegati francesi: c'è un po' di ritardo causato dalla discussione, ma Alfieri telefona che la firma avrà sicuramente luogo. Verranno, sembra, domani. Mussolini vorrebbe ritardare il più possibile nella speranza che Gambara – che frattanto ha attaccato – arrivi a Nizza. Sarebbe una buona cosa, ma faremo in tempo? Ricevo l'Amb. dei Soviet. La conversazione è cordiale ma generica: dico che le relazioni italo-russe sono soprattutto un fatto psicologico perché non esistono vertenze di interessi diretti che separino i due Paesi. L'Ambasciatore mi rivolge alcune domande circa i Balcani: dico che, in massima, la nostra politica è in quel settore conservatrice dello statu quo. Si fanno i preparativi per la cerimonia dell'armistizio: il Duce desidera che – essendo mancata la lotta – non vi sia la minima messa in scena. La riunione si svolgerà quasi clandestinamente e la sordina sarà messa alla stampa.
>
> 23 GIUGNO – I plenipotenziari francesi sono arrivati in aeroplani tedeschi. Vengono da noi ricevuti alle 19,30 a Villa Incisa, sulla via Cassia.
> Badoglio non nasconde la sua commozione. Desidera trattarli con grande cortesia: tra i francesi vi è anche Parisot, che è suo amico personale. Chissà quante volte hanno insieme parlato male dei tedeschi! Nella sala da pranzo, a pian terreno, c'è una tavola lunga: da una parte prendiamo posto noi. Ho Badoglio alla destra e Cavagnari alla sinistra. In piedi attendiamo i francesi e li salutiamo romanamente. Rispondono con un cenno del capo. Sono corretti. Non ostentano alterigia né mostrano prostrazione. Solo l'Ambasciatore Noel è pallido come la morte.
> Siedono. Mi levo in piedi e dico che Badoglio ha incarico di comunicare i termini dell'armistizio. Roatta ne legge la riduzione francese. Hutzinger risponde che, per quanto plenipotenziario, pur tuttavia, trattandosi di questioni che impegnano il futuro del suo Paese, dovrà riferire a Bordeaux, chiede che la seduta sia tolta e rinviata a domani. Approvo e fisso le 10 a. m. Prima di uscire tendo la mano a Hutzinger, che non si aspettava il mio gesto. Poi saluto, seguito da Badoglio e dagli altri, tutti i delegati francesi. La cerimonia è durata in tutto venticinque minuti.
> 756

Da Palazzo Chigi ne riferisco telefonicamente al Duce, che ha la bocca amara perché all'armistizio avrebbe voluto giungere dopo la vittoria delle nostre armi.

24 GIUGNO – Badoglio ha chiesto di essere lasciato solo a continuare i negoziati: la mia presenza avrebbe avuto la parvenza di un controllo che Keitel, a Compiègne, non ha avuto. Niente in contrario, tanto più che dalle intercettazioni telefoniche ho visto che a Bordeaux si era già d'accordo. L'armistizio è stato firmato alle 19,15 ed alle 19,35 ne ho dato notizia a Mackensen. Tra sei ore non si sparerà più in Francia. A meno che... Non voglio fare anticipazioni ma non sono del tutto sicuro che il Governo Pétain riesca ad imporre la sua volontà specialmente nell'Impero e alla Marina. Oggi a Costantinopoli tutte le navi mercantili francesi hanno alzato bandiera inglese. La guerra non è ancora finita, anzi comincia adesso. Avremo tante sorprese da levarcene la voglia.

Il decreto riguardante gli ordinamenti amministrativi e l'organizzazione giuridica nei territori occupati del 30 luglio 1940 confermò l'annessione *de facto* all'Italia.
Complessivamente i territori annessi dall'Italia avevano un'estensione di 832 km$^2$ ed una popolazione di 28.523 abitanti. Mentone con i suoi, al tempo 21.700 abitanti era l'unica località di un certo rilievo.
I dipartimenti francesi interessati furono quattro, la Savoia, le Alte Alpi, le Basse Alpi e le Alpi Marittime e più precisamente:
nel dipartimento della Savoia furono occupati i comuni di Séez, Montvalezan, Sainte-Foy; nell'alta valle
dell'Isère: Bessans, Bramans, Lanslevillard; Lanslebourg, Termignon, Sollières, Sardières, la frazione di Les Mottet-Versoye del comune di Bourg-Saint-Maurice sui fianchi del San Bernardo, ed i comuni di Aussois e di Avrieux (in tutto 5.301 abitanti);
nel dipartimento delle Alte Alpi furono occupati i comuni di Monginevro e di Ristolas, la frazione di Roux del comune di Abriès, i comuni di Névache e di Cervières (in totale 370 abitanti);
nel dipartimento delle Basse Alpi furono occupate le frazioni di Combremond appartenente al comune di Saint-Paul-sur-Ubaye e Roche-Mèane del comune di Larche (per un totale di 32 abitanti);
nel dipartimento delle Alpi Marittime furono occupati i comuni di Mentone, Fontan, le frazioni di La Blanche, Doans entrambe nel comune di Santo Stefano di Tinea e alcune case del comune di Isola.
Inoltre i comuni di Castellaro, Breglio, Saorgio, Sospello, Rimplas, Valdiblora, San Martino Lantosca, Roccabigliera e Belvedere furono parzialmente occupati (per un totale di 22.820 abitanti, di cui 21.700 a Mentone).
Venne così avviato un tentativo di italianizzazione, ma più esattamente di reitalianizzazione, trattandosi di territori da sempre sabaudi e liguri, e ceduti alla Francia solamente nel 1861; di fatto ben poco rispetto alla deitalianizzazione radicale del Secondo Impero e della terza Repubblica (e a quanto avvenuto nel Brigasco dopo la Seconda Guerra Mondiale) con la reintroduzione dell'originaria toponomastica italiana abrogata dai francesi nel 1861, lezioni in lingua italiana, ecc.), e.
I rapporti tra l'Italia e la Francia di Vichy furono totalmente delegati ad un organismo di controllo delle clausole armistiziali: la Commissione Italiana d'Armistizio con la Francia (CIAF).

Tale organismo, composto sia da militari che da civili, aveva la propria sede centrale a Torino dove si insediarono la Presidenza, il Segretariato Generale e le quattro Sottocommissioni: esercito, marina, aeronautica ed affari generali. Tuttavia alle dipendenze di ciascuna Sottocommissione operavano delle *Delegazioni di controllo* dislocate in territorio metropolitano francese; tali organismi furono a loro volta articolati in sezioni operative sparse nei principali centri urbani della Francia meridionale

**Ricognizione aerea sulla Costa Azzurra.**

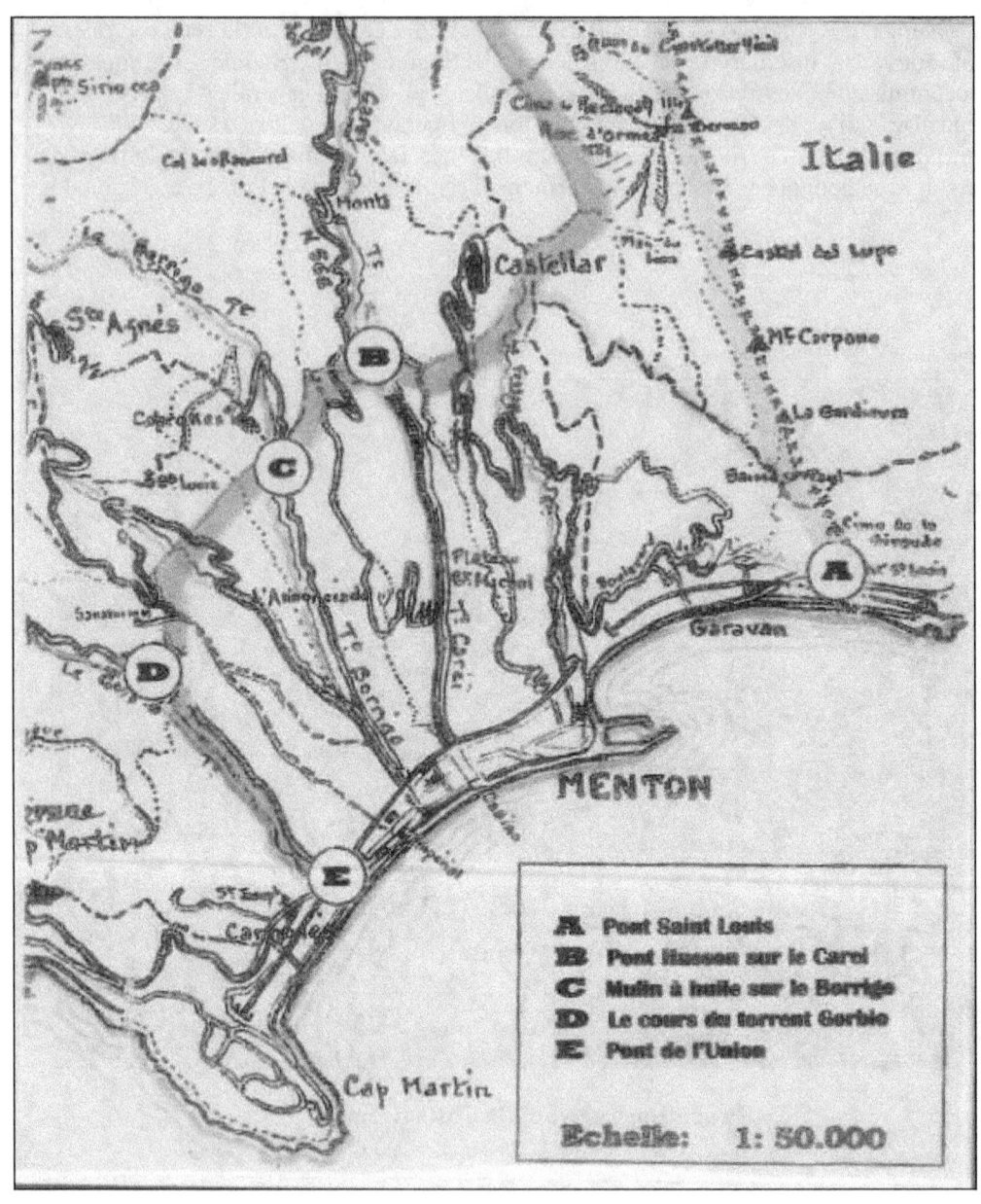

**La linea di demarcazione-tra Italia e Francia dopo-l'armistizio italo- francese**

# CONCLUSIONI

Nell'entusiasmo per la vittoria, ci fu solo un parere assai critico e sensato.
Era quello del Capo di Stato Maggiore della M.V.S.N. Achille Starace, fino ad un anno prima Segretario del Partito Nazionale Fascista, che osservò con occhio preoccupato lo svolgersi degli eventi. Appena rientrato a Roma, Starace si sfogò con Galeazzo Ciano, che annotò nel proprio diario:

> "25 GIUGNO – (...) Starace – di ritorno dal fronte – dice che l'attacco sulle Alpi ha documentato la totale impreparazione dell'esercito: assoluta mancanza di mezzi offensivi, insufficienza completa nei comandi. Si sono mandati gli uomini incontro ad una inutile morte, due giorni prima dell'armistizio, con gli stessi sistemi di venti anni or sono. Se la guerra in Libia ed in Etiopia sarà condotta in egual maniera l'avvenire ci riserba molte amarezze".

Purtroppo Starace rimase totalmente inascoltato; e con queste dichiarazioni iniziò la propria rovina, dato che il Gruppo di Armate Ovest era comandato dall'erede al trono Umberto di Savoia, Principe di Piemonte, che pure condivideva in toto queste considerazioni. .
Una conferma alle recriminazioni di Starace viene da quanto avvenuto alla divisione *Acqui*. Scrive Rochat che

> La divisione Acqui era schierata dinanzi a Cuneo per bloccare un'avanzata francese dal colle della Maddalena. Dopo l'ordine di attaccare, i suoi reparti impiegarono tre giorni a risalire la valle Stura (un'unica strada intasata, le mulattiere impraticabili per le forti piogge, radio subito inefficienti). I due reggimenti di fanteria e la legione ccnn raggiunsero il confine il 23 giugno e iniziarono la discesa verso il fondovalle per poi risalire verso i fortini francesi che li bersagliavano, con neve alta, freddo intenso, pioggia e nebbia e l'unico appoggio di un gruppo da 100/17 arrivato sul colle. Notte all'addiaccio senza nulla di caldo. La sera del 24 le truppe erano giunte sotto i fortini francesi che avrebbero dovuto attaccare a mani nude, in condizioni di esaurimento fisico tali che ne era prevista la sostituzione, se non fosse entrato in vigore l'armistizio. Le perdite furono di 32 caduti, 15 dispersi (morti non recuperati), 90 feriti e 198 congelati, forse il 10% della forza impiegata. Più gli ammalati, certamente tanti, anche se spesso dimenticati dalle statistiche militari15.

Il presidente statunitense Franklin Delano Roosevelt, nel discorso di Charlotteville, così commentò: *Oggi, 10 giugno 1940, la mano che teneva il pugnale ha colpito alle spalle il vicino*. In precedenza si era astenuto da ogni commento per il *colpo di pugnale* sovietico alla Polonia, né aveva fiatato sull'invasione franco-britannica della Norvegia.
Va quindi spesa qualche parola su quello che tradizionalmente è stato definito il *proditorio attacco* dell'Italia alla Francia già sconfitta dall'impeto dell'offensiva nazista. Che le cose non siano andate così e che il *"tradimento"* italiano, nel giugno 1940, debba essere considerato una vera e propria leggenda storiografica lo dimostrano i fatti. Dopo l'accordo di Monaco del 1938, i rapporti tra Roma e Parigi

divennero per Mussolini il banco di prova su cui saggiare le possibilità d'intesa con l'Inghilterra e l'occasione per rafforzare la sua capacità di manovra nei confronti del Reich. Il crescente espansionismo tedesco orientò però la Francia ad arroccarsi in una miope difesa dei suoi interessi strategici. A nulla servirono le pressioni del *premier* britannico Chamberlain su Parigi per convincerla ad assecondare le richieste di Palazzo Venezia che non puntavano alla riconquista di Nizza, Savoia, Corsica e all'annessione della Tunisia, coime sbandierato pubblicamente, ma soltanto a ottenere un riequilibrio dei rapporti di forza nel Mediterraneo. In questo modo, l'ostinata intransigenza francese vanificò l'azione diplomatica italiana, rendendo inefficaci le manovre di Mussolini di agire in senso moderatore nei confronti di Hitler. Persino dopo la fine della non belligeranza, il tentativo del Duce di continuare a giocare un ruolo di mediazione si rifletteva nelle regole d'ingaggio stabilite dagli Stati maggiori italiani. Gli ordini che vietavano alla Regia Aeronautica di violare lo spazio aereo francese, anche al solo scopo di ricognizione, e quello impartito alla Regia Marina di impegnare il combattimento con le forze navali francesi, unicamente in caso di attacco avversario, appaiono comprensibili solo tenendo presente la volontà di condurre una *guerra simulata* al fine di giungere rapidamente a una soluzione negoziale. D'altro canto la stessa preparazione diplomatica dell'intervento avvenne secondo modalità del tutto inusuali. Come risulta dai documenti diplomatici francesi, Ciano, già alla fine di maggio, anticipò agli ambasciatori alleati e persino a quello statunitense che la decisione di Mussolini di scendere in campo era ormai irrevocabile, con una settimana di anticipo, quindi, da quando l'apertura delle ostilità venne poi effettivamente formalizzata.

L'anomalia senza precedenti di una *dichiarazione di guerra a termine*, come fu definita dall'ambasciatore francese François-Poncet, indica, senza margini di equivoco, che l'aggressione contro la Francia, lungi dal configurarsi come un vile *coup de poignard*, deve essere vista come l'estremo sforzo di assicurare all'Italia un ruolo di grande Potenza mediterranea, compatibile con il mantenimento in vita dell'equilibrio internazionale.

Obiettivo che l'umiliante armistizio firmato, il 22 giugno, dai rappresentanti del governo Pétain con i plenipotenziari tedeschi avrebbe irrimediabilmente compromesso.

Militarmente è ben difficile considerare la campagna del giugno 1940 come un successo militare italiano, eppure, almeno parzialmente, lo fu.

Con il progredire delle operazioni gli italiani dovettero affrontare un maltempo assolutamente insolito, con forti nevicate e tempeste, e l'inaspettata resistenza delle truppe francesi, il cui morale era lungi dall'essere crollato, del resto qui la maggioranza delle truppe non era formato dai coloniali o dai coscritti della fanteria di linea che avevano ceduto così facilmente di fronte ai tedeschi, ma da truppe d'*èlite*, soprattutto *Chasseurs des Alpes* e BAF, oltre alle *Sections des Eclaireurs Skieurs,* le cui esperienze saranno applicate dagli italiani al battaglione *Monte Cervino*, oltre alle fortificazioni che resero costosa e sanguinosa l'avanzata italiana; il pessimo tempo significò il mancato appoggio da parte dell'aviazione italiana alle operazioni al suolo, e la fanteria dovette attaccare frontalmente le fortificazioni francesi senza supporto aereo e senza appoggio da parte dell'artiglieria pesante italiana, inutilizzabile in alta montagna.

Nell'avanzata italiana vi furono momenti di esitazione e di sosta e accenni a ripiegamenti; fatto naturale se si pensa che i collegamenti erano incerti e che ai comandi stessi dei reparti che avanzavano venne spesso a mancare, per il maltempo, la visione diretta degli avvenimenti; e se si pensa inoltre che nei reparti erano soldati di classi giovani i quali venivano per la prima volta sottoposti all'azione del fuoco nemico su costoni e pendii interamente battuti, su passaggi obbligati e per di più aspri e difficili, senza possibilità di defilarsi.

I francesi, dal canto loro, erano ben preparati, dopo aver eseguito già l'11 giugno demolizioni sul confine per ritardare l'avanzata italiana, che ne venne ritardata, e che impedirono il rapido affluire in prima linea di reparti di supporto, a cominciare dall'artiglieria.

Malgrado il valore indubbio dimostrato dalle truppe, le perdite italiane furono relativamente alte, con oltre 631 caduti, 616 dispersi (in massima parte prigionieri, restituiti dopo l'armistizio di villa Incisa), 480 feriti in combattimento e 2151 congelati[32].

Per ciò che riguarda le cifre date durante la campagna di 616 dispersi non possono venir sommate a quelle dei caduti, come fa Rochat[33], in quanto rientrano in gran parte nell'elenco dei prigionier restituiti dai francesi dopo la resa, e come si può costatare confrontando le cifre ufficiali di Onorcaduti.

Da parte loro i francesi persero 49 caduti[34], 150 dispersi, 162 feriti e 155 prigionieri. I 150 dispersi francesi sono da includere nel totale dei morti, in quanto non rientrano tra i prigionieri detenuti dagli italiani dopo l'armistizio, per un totale presuntivo di 199 morti francesi.

E' indicativo di come la storiografia abbia affrontato la campagna del giugno 1940 il fatto che nessuno abbia pensato sino ad oggi di confrontare l'elenco nominativo dei dispersi francesi con quello dei prigionieri, o di aggiungere i caduti dell'*Albatros* alla cifra totale, tanto che si continua a sostenere che i francesi ebbero solo una trentina di morti (certe fonti addirittura parlano di venti!)

Il fatto che i francesi riportassero perdite minori, 199 morti, 162 feriti e 155 prigionieri derivava dai loro sistemi di difesa, in cui i soldati restavano nascosti soprattutto nei bunker, e di opere difensive in cemento armato, da dove sparavano con armi di ogni tipo: cannoni, mitragliatrici, fucili dei cecchini, e da dove senza

---

[32] In totale, 2631 tra feriti e congelati. Il Rochat (Rochat 2005 p. 250) arriva a scrivere che i feriti sarebbero stati 2631 e altri duemila i congelati: solenne sciocchezza, mentre Bocca 1969 p. 147 più correttamente con indica in 2631 il totale di feriti e congelati, senza però distinguere tra feriti in combattimento e vittime di congelamento. La pretesa francese di aver fatti prigionieri 1141 italiani (Bocca, cit., p.50) è assolutamente irreale e non ha alcun riscontro nella documentazione d'archivio.

[33] Rochat (cit., p. 250) arriva a sommare caduti e dispersi giungendo ad un totale di 1247 morti, una cifra francamente assurda, tenendo conto che i dispersi in massima parte erano prigionieri restituiti dopo la resa francese.

[34] Dei quali 37 dell'*Armée des Alpes* e 12 dell'equipaggio del ct *Albatros*.

l'appoggio ravvicinato dei cannoni di medio calibro, era difficile stanarli da parte della fanteria. Tuttavia la ratio di 1 a 3 nelle perdite rispetto agli attaccanti, che agivano allo scoperto e senza artiglieria, è indice di notevole durezza nei combattimenti, ed è una perchentuale assai alta per dei difensori.

Morirono anche, a causa dei bombardamenti, 54 civili italiani e 144 civili francesi; tra la popolazione francese si registrarono anche 136 feriti a causa dei bombardamenti italiani.

Poiché si è affermato che ad uscire vittoriosa dal breve conflitto sia stata l'*Armée des Alpes*[35], per vedere se ciò risponda o meno alla verità storica, riassumiamo brevemente l'attività della 1a e della 4a Armata.

Il 10 giugno 1940 la 1a Armata è schierata lungo il confine francese dal Monte Granero (escluso) alla costa ligure con il II, III e XV Corpo d'Armata in prima schiera e l'VIII Corpo d'Armata in seconda schiera. Partecipa alla campagna delle Alpi Occidentali contro la Francia su due direttrici operative: quella di Maddalena, con obiettivo Barcellonette, Marsiglia e quella della Riviera con obiettivo Mentone, Nizza, Marsiglia. L'azione inizia il 23 giugno ed incontra tenacissima resistenza nemica, specie nel settore del II e III Corpo d'Armata. Le condizioni ambientali e l'imprevedibile inclemenza del clima frenano ulteriormente la spinta offensiva. Tuttavia progressi sia pure di lieve entità vengono fatti ovunque e il 24 giugno l'armistizio con la Francia trova quasi tutti i reparti dell'armata in territorio francese. L'obiettivo di primo tempo nel settore meridionale del fronte, Mentone, risulta saldamente in mano italiana.

Il 10 giugno lla 4a Armata è schierata lungo il confine francese, con il I Corpo d'Armata, il IV Corpo d'Armata e il Corpo d'Armata Alpino, controllando il settore a nord della 1$^a$ Armata compreso tra il Monte Rosa e il Monviso, prendendo parte in modo marginale alla campagna contro la Francia.

Dal 10 al 20 giugno l'attività dell'Armata è limitata a sporadiche azioni per la presa di possesso dei colli di confine e di punti di interesse tattico nella vallata dell'Arc e dell'Isère. L'inclemenza del tempo nel particolare ambiente di alta montagna ostacola azioni di più vasto respiro. Dal 20 giugno inizia il movimento di penetrazione nel territorio nemico e vengono conseguiti progressi territoriali specie nel settore Moncenisio-Bardonecchia dove vengono occupate le posizioni di colle Biusert, Mont Chardonnet e l'abitato di Fournaux; nel settore di Monginevro vengono espugnati i colli a nord dell'abitato fino a Bois de Baur. L'armistizio del 25 giugno ferma l'Armata sulle posizioni raggiunte.

Malgrado una guerra d'attrito e la presenza di fortissime difese naturali e artificiali gli italiani, pur subendo ovviamente perdite assai superiori a quelle dei propri avversari potentemente trincerati e dotati di artiglierie pesanti, in un arco temporale di pochissimi giorni (21- 25 giugno) erano avanzati ovunque in territorio nemico riuscendo anzi ad espugnare Mentone malgrado le difese del pont Saint Louis. Ovviamente se non fosse entrato in vigore l'armistizio, o se si fosse attaccato da subito senza attendere undici giorni dalla dichiarazione di guerra, una volta superati i

---

[35]...*L'Armée des Alpes combattè con determinazione. La sua fu l'unica vittoria francese nella campagna del 1940, ricordata assai più che da parte italiana.* (Rochat 2005, p. 249).

sistemi difensivi costieri sarebbe stata raggiunta Nizza e forse Marsiglia, e col migliorare delle condizioni meteo l'azione della Regia Aeronautica si sarebbe dimostrata ben più efficace.

Al di là dello sciovinismo francese e dell'antifascismo di certa storiografia dunque la vittoria tattica è indubbiamente italiana, anche se questo non può e non deve nascondere tutte le manchevolezze della struttura militare italiana; paradossalmente le truppe italiane ebbero nei propri Comandi, a partire da Palazzo Venezia in giù, un avversario ben più insidioso dei francesi.

Sicuramente con più tempo a disposizione per una guerra d'attrito e d'assedio delle piazzeforti gli italiani sarebbero riusciti ad avere ragione delle difese avversarie, con l'arrivo di artiglieria campale che era rimasta indietro, come detto; il miglioramento delle condizioni meteorologiche avrebbe in pochi giorni permesso l'intervento dei bombardieri italiani contro i forti, con le conseguenze immaginabili;del resto a parte le sezioni SES i francesi, pur battendosi bene negli scontri diretti non si dimostrarono all'altezza degli italiani, cosa sempre trascurata dalla propaganda transalpina che vide e vede nella campagna delle Alpi l'unica pagina non oscura della *debacle* del 1940.

Ma ciò non cancella che il nemico più temibile degli italiani furono il maltempo, il terreno montuoso e le fortificazioni, non certo la *furia francese*!

Un valore ben diverso dimostrarono non in pochissimi giorni ma in un anno di combattimenti durissimi i soldati italiani della Repubblica Sociale Italiana e tedeschi nella Seconda battaglia delle Alpi, conclusasi incredibilmente con il successo dell'Asse, che impedì il dilagare delle forze degaulliste in Val d'aosta e Val di Susa, salvandone l'italianità.

Da parte sua la Francia ripagò ampiamente il *coup de poignard* mussoliniano: con le violenze sistematiche compiute contro i civili italiani dal CEF nel 1944, giustificate proprio con il "*tradimento*" del 1940, e con l'annessione di Briga e Tenda e del Moncenisio con il trattato di pace del 1947, attuando le medesime politiche sciovinistiche (non a caso parola d'origine francese) del regime fascista, pur senza alcuna giustificazione storica.

Tradizionale imperialismo francese, lo si può tranquillamente dire, come con Napoleone III nel 1861 e l'annessione di Nizza e della Costa Azzurra (la Savoia era pur sempre linguisticamente francese) e la snazionalizzazione totale a cominciare dalla lingua di territori mai stati francesi o francofoni.

Ne accenneremo noi, anche per bilanciare una storia che la pregiudiziale antifascista ha sempre presentato come divisa tra buoni e cattivi.

Durante la seconda guerra mondiale, dopo gli sbarchi degli Alleati in Normandia e in Provenza, la Francia, cancellando l'armistizio del 24 giugno 1940 continuava la guerra contro l'Italia. La rivalsa francese contro l'aggressione di Mussolini nel 1940 avrebbe dovuto comprendere l'annessione di alcuni territori italiani: la Valle d'Aosta, parte del Piemonte, Ventimiglia, parte della Liguria e la Valle Roia.

Il generale De Gaulle fin dagli accordi d'Algeri del 1943 parlava di un cosidetto *rattachement* (in riferimento agli accordi verbali di Plombières nel 1858 tra Napoleone III e Cavour) di territori italiani di confine che, a suo avviso, erano di lingua francese, ma che in verità facevano parte del dialetto ligure-alpino.

Mentre gli abitanti della Valle Roia furono liberati dai partigiani italiani della V Brigata Garibaldi *Nuvoloni*, dopo la ritirata tedesca e fascista, un centinaio di soldati del 29° *Régiment Tirailleurs Algériens* occupò Tenda e Briga il 26 e 27 aprile 1945. Lo stesso giorno il comando francese ordinò il disarmo dei partigiani italiani, che ebbero solo sei ore di tempo per lasciare la zona e togliere le bandiere italiane dagli edifici pubblici e dai monumenti. Il 28 aprile arrivarono da Nizza numerose famiglie francesi con camion militari e a esse furono date riserve alimentari, bandiere francesi, foto di De Gaulle. L'indomani gli abitanti di Tenda e Briga videro i muri dei loro paesi tappezzati di scritte e di manifesti francesi, mentre il *Comité de Rattachement* dichiarava decadute le amministrazioni italiane.

Il 29 aprile 1945, i francesi tennero un plebiscito farsa per formalizzare l'annessione. Al referendum si poteva votare solamente per l'annessione o per l'astensione, senza l'opzione di rimanere con Roma.

A Briga si contarono 976 voti per la Francia e 39 schede bianche; a Tenda 893 favorevoli e 37 schede bianche. Il solo modo di opporsi era non votare, ma chi avesse deciso in questo senso si sarebbe visto ritirare la carta annonaria.

Il *Comité de Rattachement*, impedì l'uso della lingua italiana a scuola, furono cambiati i nomi delle vie e il parroco di Tenda, don Ginata, il quale si era rifiutato di celebrare la Santa Messa in francese (si era sempre celebrata nel vetus ordo in latino), fu obbligato a lasciare subito il paese.

Il 6 maggio venne imposta a Tenda e Briga l'amministrazione francese dal prefetto delle Alpi Marittime, e i francesi occuparono le centrali dell'acqua: la sola risorsa economica d'una valle già molto povera.

A San Dalmazzo, l'ingegnere Alessandro Bosis, che aveva fatto la Resistenza, fu arrestato: si era opposto alla confisca della centrale italiana di cui era direttore; i francesi avevano dirottato l'acqua verso la loro riviera.

Su richiesta del governo italiano, gli americani cercarono di entrare nella valle per favorire una pace tra francesi e italiani che non avrebbe contemplato cessione di territori, ma il comando francese si oppose e gli Alleati s'insediarono simbolicamente nella zona, senza tuttavia esercitare alcun potere.

La Francia occuperà l'entroterra con il *Régiment Tirailleurs Sénégalais* e arriverà fino a Imperia.

L'occupazione divenne di fatto un'annessione. Il confine fu spostato tra Bordighera e Vallecrosia. Alla popolazione, subito censita, fu consegnato un documento redatto in francese per "espatriare" in Italia. Venne sostituita la lira con il franco e furono cambiati i cartelli stradali, mentre numerosi cittadini e le popolazioni dell'entroterra che si battevano per l'italianità furono arrestati.

A quel punto, a Caserta, gli Alleati imposero alla Francia il ritiro dal Piemonte, dalla Valle d'Aosta e dalla Liguria. I francesi accantonarono (momentaneamente) il progetto d'annessione, dopo la farsa del plebiscito del 29 aprile, e il 29° *Régiment Tiralleurs Algériens* lasciò Briga e Tenda agli Alleati.

Il 15 agosto gli americani sbarcarono in Provenza; il 28 le truppe francesi entrarono a Nizza, dove fu lanciata una campagna per il passaggio della Valle Roia alla Francia. Il presidente della sezione Alpi Marittime del Club Alpino Francese, Vincent

Paschetta, e i sei comuni delle valli Vésubie e Tinée costituiranno un comitato per la rettifica della frontiera e un movimento annessionista.

Il 18 settembre fu fondato *il Mouvement pour le Rattachement de Tende et La Brigue à la France* e il *Comité départemental de Liberation des Alpes-Maritimes*, che formando un *Comité d'Études des Frontières* chiesero la rettifica dei confini delle Alpi Marittime.

Nel 1946, l'amministrazione del Nord Italia passò dagli Alleati al governo italiano. Questo avrebbe dovuto valere anche per la Valle Roia. Ma i francesi, faranno subito richiesta di cambiare il confine italo-francese.

Intanto a Torino nasceva con grave ritardo il Comitato per la tutela degli interessi dell'Alta Valle Roia, nella vana speranza d'una revisione del trattato di pace, che il 10 febbraio 1947 fu firmato a Parigi.

In questo contesto vi furono degli eccessi, come l'uccisione a Tenda di un giovane attivista francese (sembra da parte dei carabinieri, fatto comunque mai chiarito). Azioni inutili, poiché all'apertura della Conferenza di pace – che si svolse tra il 29 luglio e il 15 ottobre 1946 – le decisioni in merito erano già state prese.

Gli Alleati accettarono le richieste di cambiare i confini secondo il Trattato, sull'impegno francese (non rispettato) di fornire all'Italia (pagando) l'energia delle centrali elettriche della Valle Roia (che serviva una buona parte dell'Italia nord-occidentale) fino al 31 dicembre 1961.

L'Italia, nazione sconfitta, fu invitata alla Conferenza di pace di Parigi. Poté esporre le sue tesi tramite il celebre discorso di Alcide De Gasperi, ma malgrado il mito tutto italiano della resistenza, l'Italia era e restava una potenza vinta: il 31 agosto 1947 venne così approvata la cessione dei territori alla Francia.

Centinaia di lavoratori pubblici delle centrali elettriche e della ferrovia, che con il passaggio alla Francia avrebbero perso il lavoro, lasciarono Briga e Tenda. Il 15 settembre 1947, Tenda, la frazione Vievola di San Dalmazzo, Briga Marittima e le borgate Piena Alta e Libri del comune italiano di Olivetta San Michele, vennero cedute alla Francia che annunciò un altro plebiscito, secondo la legge francese, per il 12 ottobre 1947. La maggioranza fu per l'annessione alla Francia: il 94% a Tenda, il 96% a Briga.

Tuttavia un dubbio storico resiste anche a distanza di settant'anni: come mai nonostante l'esodo di una parte rilevante degli abitanti verso l'Italia (Piemonte e Liguria) il numero di votanti non era cambiato? Chi aveva sostituito i 700 profughi di cittadinanza italiana?

La risposta è facile: gli autobus della Costa Azzurra, fin dal mattino, scaricarono a Tenda e Briga persone che da trent'anni non abitavano più nei due paesi, o che non ci avevano mai messo piede.

Le *coup de poignard* del 1940 era stato restituito con tanto di interessi.

Sentinella italiana sulle Alpi Occidentali.

# PROMEMORIA N. 328 DEL 31 MARZO 1940.

*Mussolini con il promemoria segretissimo n. 328, del 31 marzo 1940, trasmesso l'8 aprile dalla Segreteria particolare del Duce in dieci copie, aveva comunicato al sovrano ed ai Capi di Stato Maggiore delle Forze Armate di aver preso la decisione di entrare in guerra in guerra, e di prepararsi a quello scopo per essere pronti nella primavera. Venivano date le direttive di massima da sviluppare successivamente, tra le quali quella di tenere un atteggiamento difensivo nei confronti della Francia.*

**Posizione dell'Italia**

Se avverrà il più improbabile delle eventualità – cioè una pace negoziata nei prossimi mesi – l'Italia potrà – malgrado la sua non-belligeranza – avere voce in capitolo e non essere esclusa dalle negoziazioni, ma se la guerra continua, credere che l'Italia possa rimanersene estranea sino alla fine, è assurdo e impossibile. L'Italia non è accantonata in un angolo in Europa, come la Spagna o gli Stati Uniti, l'Italia è in mezzo ai belliceranti, tanto in terra, quanto in mare, Anche se l'Italia cambiasse atteggiamento o passasse armi e bagagli ai franco-inglesi, essa non eviterebbe la guerra immediata con la Germania, guerra che l'Italia dovrebbe sostenere da sola, é solo l'alleanza con la Germania, cioè con uno Stato che non ha ancora bisogno del nostro concorso militare e si contenta dei nostri aiuti economici e della nostra solidità morale, che ci permette il nostro attuale stato di noncobelligeranza.
Esclusa l'ipotesi del volta-faccia che del resto gli stessi francoinglesi non contemplano e in questo dimostrano di apprezzarci, rimane l'altra ipotesi cioè la guerra parallela a quella della Germania per raggiungere i nostri obiettivi che ci compendiamo in questa affermazione: libertà sui mari, finestra sull'oceano.
L'Italia non sarebbe veramente una nazione indipendente fino a quando avrà a sbarre della sua prigione mediterranea la Corsica, Biserta, Malta e a muro della stessa prigione Gibilterra e Suez. Risolto il problema delle frontiere terrestri, l'Italia se vuole essere una potenza veramente mondiale, dovrà risolvere il problema delle sue frontiere marittime: la stessa sicurezza dell'Impero è legata alla soluzione di questo problema.
L'Italia non può rimanere <u>neutrale</u> per tutta la durata della guerra, senza dimissionare il suo ruolo senza qualificarsi, senza ridursi al livello di Svizzera moltiplicata per dieci.
Il problema non è quindi di sapere se l'Italia entrerà in guerra perché l'Italia non potrà fare a meno di entrare in guerra; si tratta soltanto di sapere quando e come: si tratta di ritardare il più a lungo possibile, compatibilmente con l'onore e la dignità, la nostra entrata in guerra.
Premesso che la guerra è inevitabile e che non <u>possiamo</u> marciare coi francoinglesi, cioè non possiamo marciare contro la Germania, si tratta di fissare sin da questo momento le linee della nostra strategia, in modo da orientarvi gli studi di dettaglio.

**Forze terrestri** – difensivo sulle Alpi Occidentali. Nessuna iniziativa. <u>Sorveglianza</u> lasciata solo nel caso a mio avviso improbabile di un completo collasso francese sotto l'attacco tedesco.
Una occupazione della Corsica può essere completa, ma forse il gioco non vale la sorpresa: bisognerebbe però neutralizzare le basi aeree di questa isola.

*Ad Oriente:* verso la Jugoslavia, in primo tempo,<u> osservazione diffidente.</u>
Offensiva nel caso di un collasso interno di quello Stato, dovuto alla secessione, <u>già in atto, dei croati</u>.

*Fronte Albanese:* l'atteggiamento verso nord (Jugoslavia) e sud (Grecia) è in relazione con quanto accadrà sul fronte orientale.

*Libia:* difensiva tanto verso la Tunisia, quanto verso l'Egitto.
L'idea di una offensiva contro l'Egitto è da scartare dopo la costituzione dell'Esercito di Weygand.

*Egeo*: difensiva.

*Etiopia*: offensiva per garantire l'Eritrea e operazione su Ghederef e Kassala; offensiva su Gibuti, difensiva e al caso controffensiva sul fronte del Kenia.

*Aria*: adeguare la sua attività a quelle dell'Esercito e della Marina; attività offensiva o difensiva a seconda dei fronti e a seconda delle iniziative nemiche.

*Mare*: offensiva su tutta la linea nel Mediterraneo e fuori. A queste direttive gli Stati Maggiori devono basare i loro studi e il loro lavoro di preparazione senza perdere un'ora di tempo, poiché, malgrado la nostra volontà di ritardare – per le ragioni già dette – il più a lungo possibile la nostra attuale nonbelligeranza, la volontà dei franco-inglesi o una complicazione imprevista potrebbe metterci, anche in un avvenire immediato di fronte alla necessità di impugnare le armi.

# BOLLETTINI DI GUERRA ITALIANI DAL 12 AL 25 GIUGNO (NN. 1- 14)[36].

**Bollettino n. 1**
Il Quartier Generale delle Forze Armate comunica in data 12 giugno:
Alle ore 24 del giorno 10 il previsto schieramento delle forze di terra, del mare e dell'aria era ordinatamente compiuto.
Unità da bombardamento della Regia Aeronautica, scortate da formazioni da caccia, hanno effettuato alle prime luci dell'alba di ieri e al tramonto violenti bombardamenti sugli impianti militari di Malta, con evidenti risultati, rientrando incolumi quindi alle rispettive basi. Nel frattempo altre unità si sono spinte in ricognizione sul territorio e sui porti dell'Africa settentrionale.
Al confine della Cirenaica un tentativo di incursione da parte dell'aviazione inglese è stato respinto; due velivoli nemici sono stati abbattuti.

**Bollettino n. 2**
Il Quartier Generale delle Forze Armate comunica in data 13 giugno:
**Sviluppando il previsto piano la Regia Aeronautica ha effettuato altre azioni di bombardamento su basi aeree e navali nemiche. Di particolare importanza l'azione su Biserta e l'azione notturna su Tolone.**
A Biserta vasti incendi sono stati provocati, danni agli impianti constatati e apparecchi a terra colpiti, nove dei quali si possono considerare inutilizzabili. Tutti i nostri apparecchi sono rientrati alle rispettive basi.
Nel Mediterraneo nostri sommergibili hanno silurato un incrociatore e una petroliera da 10 mila tonnellate avversari.
A Tobruk, presso il confine della Cirenaica, un tentativo di attacco aeronavale inglese è stato respinto dalle nostre forze di terra, navali e aeree; lievi danni agli impianti e affondamento di un nostro piccolo dragamine.
Nell'Africa orientale italiana incursioni aeree nemiche sugli aeroporti di Asmara, Gura, Adi Ugri, Agordat. Scarsi danni al materiale e una decina di morti tra nazionali e indigeni addetti ai campi. Da ulteriori accertamenti i velivoli abbattuti dalla nostra caccia, nella giornata di ieri, nel cielo della Cirenaica sono saliti a sei.
Velivoli nemici, probabilmente inglesi, hanno effettuato voli notturni su talune città dell'Italia settentrionale; le bombe lasciate cadere su Torino, città aperta, hanno prodotto pochi danni e qualche perdita tra la popolazione civile. Di questa azione nemica verrà dato un resoconto particolare.

**Bollettino n. 3**
Il Quartier Generale delle Forze Armate comunica in data 14 giugno:
**Attività di piccoli reparti su alcuni tratti del fronte alpino; un tentativo nemico**

---

[36] Le operazioni contro la Francia sono evidenziate **in neretto**

**di impossessarsi del colle Galisia è stato respinto.**
Nel Mediterraneo centrale sommergibili nemici hanno tentato, senza risultato, di contrastare i movimenti della nostra flotta. Due sommergibili nemici sono stati colpiti e uno seriamente danneggiato.
**Proseguendo la sua azione la Regia Aeronautica ha effettuato un efficace bombardamento delle basi aeree della zona di Tunisi; complesse azioni offensive sono state effettuate contro le basi di Hyères, mitragliando a bassa quota i velivoli di quell'aeroporto e bombardandone quindi gli impianti militari; contro la base di Faiance in Provenza e gli impianti militari della base di Tolone; un velivolo non è rientrato alla base.**
**E' proseguita intensa l'attività di ricognizione sulle basi e sui territori nemici.**
Nell'Africa settentrionale italiana attacchi nemici appoggiati da carri armati contro nostri posti di confine alla frontiera egiziana sono stati respinti. Il pronto intervento dell'aviazione ha distrutto alcuni carri armati e danneggiato altri.

Nell'Africa orientale italiana, all'alba del giorno 11, truppe nemiche del Kenia appoggiate da fuoco di artiglieria e da bombardamento aereo hanno attaccato dalla zona di Moiale; l'attacco è stato nettamente respinto con lievi perdite; tra i prigionieri rimasti nelle nostre mani, un ufficiale e un sottufficiale inglesi.
La nostra aviazione ha bombardato Porto Sudan, il porto e l'aeroporto di Aden e il campo di fortuna di Moiale; due apparecchi non sono rientrati. Incursioni aeree nemiche in Eritrea con lievi danni ai materiali; un apparecchio nemico è stato abbattuto.


**Bollettino n. 4**
Il Quartier Generale delle Forze Armate comunica in data 15 giugno:
**Sulla fronte alpina è stato perfezionato il previsto dispositivo occupando talune località d'oltre confine; tentativi nemici di ostacolare l'azione sono stati respinti e sono stati catturati alcuni prigionieri.**
All'alba del giorno 13 unità della nostra marina si scontravano con una formazione navale nemica composta di incrociatori e siluranti. Ne è seguito un combattimento durante il quale sono entrate in azione anche le difese costiere della Regia Marina. La torpediniera *Calatafimi* ha colpito con siluri due grosse cacciatorpediniere, una delle quali è affondata.
**Località della riviera ligure sono state colpite dal tiro delle navi nemiche: si contano alcuni morti e feriti tra la popolazione civile.**
La Regia Aeronautica, nonostante le avverse condizioni atmosferiche, ha effettuato un nuovo ed efficace bombardamento contro le opere militari di Malta e compiute numerose ricognizioni sulle basi nemiche. Un sommergibile nemico è stato affondato da nostri idrovolanti.
Nell'Africa settentrionale italiana il nemico ha rinnovato i suoi attacchi con numerosi elementi corazzati contro nostri posti di confine alla frontiera egiziana. Gli attacchi sono stati contenuti e l'efficace azione della nostra aviazione con mitragliamenti e lancio di spezzoni a bassa quota ha ottenuto sensibili risultati.
E' stata intensa l'attività di ricognizione aerea sul territorio tunisino.

Nell'Africa orientale italiana l'aviazione, oltre a numerose ricognizioni oltre il confine, ha effettuato nella notte sul 13 incursioni a ondate sulla base aeronavale di Aden, colpendo in pieno gli obiettivi e abbattendo un velivolo da caccia nemico; un nostro apparecchio non ha fatto ritorno.

Nelle ore pomeridiane ha bombardato poi la base aerea di Wajir distruggendo tre apparecchi sul campo e danneggiando gravemente gli impianti. Tutti gli apparecchi sono rientrati.

Nel pomeriggio del 12 e nella notte del 13 gli inglesi hanno bombardato il villaggio di Gobuen e l'aeroporto di Assab senza arrecare notevoli danni.

L'aviazione nemica ha effettuato alcune incursioni notturne su talune città dell'Italia centrale e settentrionale. I particolari vengono dati con apposito comunicato

**Bollettino n. 5**
Il Quartier Generale delle Forze Armate comunica in data 16 giugno:
**Sulla frontiera alpina sono tuttora in sviluppo azioni di ricognizione che si svolgono tutte oltre confine, inutilmente contrastate dall'avversario, che ha lasciato nelle nostre mani prigionieri e armi automatiche.**

Nel Mediterraneo, marina e aviazione continuano la loro attività con risultati sempre più efficaci e promettenti.

Mentre la radio inglese confermava ufficialmente la perdita dell'incrociatore *Calypso* di cui era stata data la notizia nel bollettino n. 2, nostre siluranti, in una nuova azione vittoriosa contro sommergibili nemici, ne affondavano uno.

Nel contempo la nostra aviazione, confermando il suo spirito aggressivo, prende dovunque l'iniziativa.

**Con sicuro successo sono stati effettuati numerosi bombardamenti contro le basi aeree francesi e le opere portuarie della Corsica**, contro l'arsenale di Burmola (Malta) **e una vasta audace azione offensiva da parte di 70 velivoli da caccia sulle basi aeree di Cannet des Maures e di Cuers Pierrefeu nella Francia meridionale. 40 velivoli avversari sono stati distrutti, una parte in violenti combattimenti, un'altra parte al suolo. Un grande deposito di munizioni saltava in aria e numerosi incendi si sviluppavano.**

**Notevole la reazione avversaria; cinque nostri velivoli non sono rientrati alle basi.**

Nell'Africa settentrionale sono in corso violente azioni contro forze inglesi che, appoggiate da numerosi carri armati, avevano tentato un attacco in direzione Sidi Azeiz. Nell'Africa orientale nostre unità aeree hanno bombardato le basi aeree di Berbera e di Mandera; nel cielo di Massaua due velivoli inglesi, che tentavano una incursione, sono stati abbattuti. Nella notte del 15 il nemico ha effettuato le solite incursioni aeree sul territorio metropolitano.

**Su Genova è stata lanciata qualche bomba che ha prodotto danni limitati e alcune vittime tra la popolazione civile. Quattro velivoli nemici sono stati abbattuti dalla artiglieria contraerea di Genova.**

**Bollettino n. 6**
Il Quartier Generale delle Forze Armate comunica in data 17 giugno:
**La nostra aviazione ha nella giornata di ieri bombardato le basi navali e i campi di aviazione di Malta, della Corsica e della Tunisia.** In combattimento aereo un caccia inglese è stato abbattuto.
**L'aviazione nemica si è limitata a qualche incursione, quasi sempre con velivoli isolati lanciando, specie di notte, bombe su città e in aperta campagna.**
**A Savona un morto e qualche ferito fra la popolazione civile.**
A Cagliari l'incursione nemica ha causato danni ad alcuni capannoni del campo di aviazione: sei avieri morti e una trentina di feriti.
A Palermo, al levarsi della nostra caccia, la formazione aerea nemica si è dileguata rinunciando all'attacco.
**Sulle Alpi attività sempre più intensa delle nostre ricognizioni.**
In Africa settentrionale sono in pieno sviluppo con esito favorevole azioni terrestri e aeronavali contro forze inglesi. Nell'Africa orientale cospicua attività aerea contro basi aeree e navali del Sudan e del Kenia con notevoli risultati: alcuni apparecchi distrutti a terra e danni agli impianti. Qualche incursione effettuata dal nemico ha causato pochi danni agli impianti e, a Dire Daua, alla ferrovia

**Bollettino n. 7**
Il Quartier Generale delle Forze Armate comunica in data 18 giugno:
**Nella notte fra il 16 e il 17 sono stati eseguiti efficaci bombardamenti sulla base navale di Biserta, sugli obiettivi militari di Malta e su aeroporti della Corsica.**
Nostri sommergibili hanno affondato due petroliere nemiche delle quali una di grosso tonnellaggio.
In Africa settentrionale proseguono le operazioni al confine cirenaico.
In Africa orientale sono state eseguite con successo numerose operazioni aeree bombardando basi aeree e obiettivi militari dell'Alto Sudan. Tutti i nostri apparecchi sono rientrati; tre velivoli nemici sono stati distrutti al suolo e un caccia è stato abbattuto in combattimento.
Qualche incursione dell'aviazione avversaria senza alcun danno apprezzabile; un velivolo è stato abbattuto in fiamme.
Il nemico ha rinnovato nella notte di ieri incursioni aeree colpendo obiettivi non militari.
A Milano sono stati danneggiati caseggiati e un ospizio di suore: due morti e alcuni feriti tra la popolazione civile; **in Liguria la difesa contraerea ha abbattuto quattro apparecchi nemici**

**Bollettino n. 8**
Il Quartier Generale delle Forze Armate comunica in data 19 giugno:
Nostri aerei della ricognizione marittima hanno affondato un sommergibile nemico.
Nello scacchiere dell'Africa settentrionale situazione immutata.
In Africa orientale una colonna inglese appoggiata da carri, che aveva cercato di

infiltrarsi nelle nostre linee inalberando il tricolore, è stata efficacemente contrattaccata e dispersa.

**La nostra aviazione ha attaccato basi aeree nemiche incendiando tre velivoli; apparecchi nemici hanno bombardato un villaggio agricolo uccidendo tre donne e alcuni bambini.**

**Il nemico ha eseguito nella notte di ieri incursioni aeree con lancio di alcune bombe su centri della Liguria e del Piemonte. Non si lamentano vittime; danni lievissimi.**

**Bollettino n. 9**
Il Quartier Generale delle Forze Armate comunica in data 20 giugno:
**Nel Mediterraneo, numerose basi aeree e navali - Biserta, Ghisonaccia, Borgo, Aiaccio, Campo dell'Oro, Calvi, Bonifacio, Porto Vecchio sono state soggette alla continua azione di bombardamento e mitragliamento da parte della nostra aviazione: notevoli danni; tutti i nostri velivoli sono rientrati.**

**Un altro cacciatorpediniere francese di 2500 tonnellate è stato silurato e affondato da un nostro sommergibile.**

Nell'Africa settentrionale proseguono le operazioni al confine cirenaico, con l'attiva partecipazione dell'aviazione che ha distrutto diversi carri armati nemici; in combattimento è stato abbattuto un velivolo inglese; due nostri velivoli da caccia non sono rientrati.

Nell'Africa orientale sono state bombardate le basi nemiche di Aden, Zeila, Porto Sudan e altre del Sudan e nel Kenia, provocando incendi e distruggendo velivoli al suolo. Un nostro velivolo non è rientrato.

**Il nemico ha ripetuto le incursioni aeree sulla Liguria e sulla Sardegna; nessuna vittima né danni sensibili.**

**Bollettino n. 10**
Il Quartier Generale delle Forze Armate comunica in data 21 giugno:
Durante la notte sul 21 le basi navali di Biserta e di Malta sono state nuovamente sottoposte a intensi e precisi bombardamenti aerei. Continue ricognizioni dell'aviazione sorvegliano le basi navali e aeree del Mediterraneo.

Nell'Africa settentrionale sono tuttora in corso le operazioni al confine orientale; complessivamente, per quanto le operazioni si siano limitate al piccolo campo tattico, il nemico ha perduto oltre dieci velivoli e una quarantina di carri armati.

Nella scorsa notte è stato inoltre effettuato un violento bombardamento sulla base aerea di Marsa Matruh provocando gravi danni e vasti incendi.

Nell'Africa orientale, durante una infruttuosa incursione sulla nostra base aerea di Lavello, sono stati abbattuti altri due velivoli inglesi.

**Il nemico ha notevolmente ridotto le sue incursioni aeree sul territorio nazionale; una sola bomba, in aperta campagna, è caduta presso Imperia.**

**Bollettino n. 11**
Il Quartier Generale delle Forze Armate comunica in data 22 giugno:
Nel Mediterraneo marina e aviazione intensificano ovunque la loro attività: tre piroscafi nemici, dei quali due armati, sono stati affondati dai sommergibili; un incrociatore, facente parte di una formazione, è stato colpito, a oriente delle Baleari, dai nostri bombardieri; **durante il giorno e la notte a ondate successive sono state violentemente bombardate le basi di Biserta e dì Marsiglia.**
**A Biserta un incrociatore è stato colpito, l'arsenale danneggiato, depositi di nafta incendiati.**
**A Marsiglia, non minori i danni subiti da quella base.**
In Africa settentrionale violente azioni aeree hanno raso al suolo Marsa Matruh, sede di alti comandi inglesi e colpito efficacemente località e formazioni nemiche.
Un'azione nemica su Tobruk ha colpito in pieno l'infermeria della Regia Marina; si deplorano alcuni morti e feriti fra medici, infermieri e ricoverati.
Un apparecchio nemico è stato abbattuto dalle batterie contraeree della marina.
Nell'Africa orientale numerose azioni sulle basi nemiche di Porto Sudan, Uareb, su fortini e campi del Kenia.
Durante una incursione del nemico su Dire Daua un apparecchio inglese è stato abbattuto.
Alcune incursioni nemiche sul territorio metropolitano, specie dell'Italia settentrionale e della Sicilia, quasi tutte senza lancio di bombe, salvo che a Ciriè (Torino) e a Livorno dove sono state colpite abitazioni nel centro della città, senza vittime.


**Bollettino n. 12**
Il Quartier Generale delle Forze Armate comunica in data 23 giugno:
La nostra aviazione prosegue le sue operazioni in ogni settore del Mediterraneo.
Nella notte del 22, con brillantissima azione e senza alcuna perdita, malgrado la violenta reazione contraerea e la lunga trasvolata sul mare, è stata efficacemente bombardata la base navale di Alessandria d'Egitto, dove è rifugiata la squadra inglese.
E' stata altresì battuta la base di Biserta.
Raggiunte e bombardate sono state anche, nonostante il maltempo, navi nemiche in navigazione nel Mediterraneo occidentale, sorvegliato dalle incessanti ricognizioni a vasto raggio che si sono estese a tutto il bacino mediterraneo.
Un nostro velivolo non è rientrato.
Nell'Africa settentrionale le azioni si sono risolte a nostro vantaggio; intensa attività della nostra aviazione contro autoblindate e formazioni nemiche; un grosso quadrimotore nemico è stato abbattuto.
Nell'Africa orientale i nostri *dubàt* hanno abbattuto in fiamme un velivolo inglese.
Il nemico ha bombardato la città di Trapani colpendo esclusivamente abitazioni private. Risultano 20 morti e 38 feriti, tra i quali donne e bambini e tre soli militari.
La nostra caccia ha raggiunto i velivoli avversari abbattendone due.

**Bollettino n. 13**
Il Quartier Generale delle Forze Armate comunica in data 24 giugno:
**Sulla fronte alpina dal monte Bianco al mare le nostre truppe hanno iniziato l'attacco il giorno 21.**
**Formidabili apprestamenti difensivi in rocce d'alta montagna, la reazione fortissima da parte del nemico deciso a opporsi alla nostra avanzata e le condizioni atmosferiche del tutto avverse non hanno diminuito lo slancio offensivo delle nostre truppe, che hanno conseguito dovunque notevoli successi. Mentre con ardite particolari azioni i nostri reparti si sono impadroniti di talune munite opere, quali per esempio il forte Chenaillet presso Briannon e Razet nella Bassa Roja, nostre intere unità hanno raggiunto il fondo delle valli Isère, Arc, Guil, Ubaye, Tinea, Vesubia, penetrando fra i sistemi fortificati dell'avversario e minacciando dal rovescio l'intera fronte nemica.**
**L'avanzata delle nostre truppe prosegue su tutto il fronte.**
Nel basso Tirreno un cacciasommergibili ha affondato un sommergibile nemico.
La nostra aviazione, prodigatasi nel concorso alle operazioni terrestri malgrado le difficili condizioni atmosferiche, ha proseguito inoltre nella giornata di ieri le sue azioni offensive bombardando l'aeroporto di Micabba (Malta) e l'arsenale di Biserta. Due nostri velivoli da caccia non sono rientrati.
Nell'Africa settentrionale sono stati ripetuti i bombardamenti delle basi di Marsa Matruh e Sidi el Barrani ed è stato molto efficacemente bombardato e spezzonato un forte raggruppamento di carri armati e di automezzi inglesi. Tutti i velivoli sono rientrati alle basi.
Nell'Africa orientale sono state bombardate le basi aeree di Gibuti e Berbera e truppe nemiche nel Kenia.
Qualche incursione nemica senza risultati su Massaua, Assab e Dire Daua.
Nel pomeriggio di ieri il nemico ha effettuato un bombardamento sulla città di Palermo senza recar danno agli obiettivi militari e causando tra la popolazione civile 25 morti e 153 feriti.
Un velivolo è stato abbattuto dalla nostra caccia.


**Bollettino n. 14**
Il Quartier Generale delle Forze Armate comunica in data 25 giugno:
**Alle ore 1.35, in seguito alla firma della Convenzione d'armistizio, sono cessate le ostilità tra l'Italia e la Francia in tutti gli scacchieri metropolitani e d'Oltremare.**
Un nostro sommergibile ha affondato un piroscafo nemico di 8000 tonnellate.
Un nostro sommergibile dislocato in mar Rosso non ha fatto ritorno alla base.
Nell'incursione aerea nemica su Tripoli, nessun obiettivo d'interesse militare è stato colpito. Le bombe sono cadute su case del vecchio quartiere ebraico, facendo una ventina di vittime.
Un'incursione aerea nemica su Cagliari, con lancio di una trentina di bombe, non ha recato alcun danno alle cose; pochi feriti.
Due tentativi di incursione verso Palermo sono stati impediti dalla nostra caccia, che

ha costretto alla fuga i velivoli avversari. La guerra continua contro la Gran Bretagna e continuerà sino alla vittoria!

**Copertina della rivista francese L'Illustration con l'onore delle armi concesso dagli italiani alle truppe francesi.**

# ORDINI DI BATTAGLIA

## REGNO D'ITALIA

**GRUPPO D'ARMATE "OVEST" – SCACCHIERE OCCIDENTALE**
(Gen. Umberto di Savoia Principe di Piemonte, Pocapaglia di Bra)

**1a Armata** (Gen. Pietro Pintor, Mondovì)

**XV CORPO D'ARMATA**
(Gen. Gastone Gambara, San Romolo)

**5a Divisione Fanteria *Cosseria***
(Gen. Alberto Vassari, Ventimiglia)

89° Reggimento Fanteria Divisionale
 I Battaglione Fanteria
 II Battaglione Fanteria
 III Battaglione Fanteria
 Compagnia Mortai da 81
  Batteria d'Accompagnamento da 65/17
90° Reggimento Fanteria Divisionale
LXXXVI Battaglione Camicie Nere d'Assalto *"Lucca"*
V Battaglione Mortai Divisionale
5a Compagnia Cannoni Controcarro da 47/32
37° Reggimento Artiglieria Divisionale
  I Gruppo Cannoni Campali da 75/27
  II Gruppo Cannoni Campali da 75/27
  III Gruppo Obici Campali da 100/17
  Batteria Controaerea da 20/65
23a Compagnia Genio Artieri
5a Compagnia Genio Telegrafisti e Radiotelegrafisti
53a Sezione Genio Fotoelettricisti

Servizi Divisionali

### 37a Divisione Fanteria da montagna *Modena*
(Gen. Alessandro Gloria, Briga)

41° Reggimento Fanteria Divisionale
42° Reggimento Fanteria Divisionale
XXXVI Battaglione Camicie Nere d'Assalto *Genova*
XXXVII Battaglione Mortai Divisionale
37a Compagnia Cannoni Controcarro da 47/32
29° Reggimento Artiglieria Divisionale
    I Gruppo Cannoni Campali da 75/27
    II Gruppo Obici Campali da 75/13
    III gruppo Obici Campali da 100/17
    Batteria Controaerea da 20/65
19a Compagnia Genio Artieri
37a Compagnia Genio Telegrafisti e Radiotelegrafisti
37a Sezione Genio Fotoelettricisti
Servizi Divisionali

### 44a Divisione Fanteria *Cremona*
(Gen. Umberto Mondino, San Remo)

21° Reggimento Fanteria Divisionale
22° Reggimento Fanteria Divisionale
XC Battaglione Camicie Nere d'Assalto *Pisa*
XLIV Battaglione Mortai Divisionale
44a Compagnia Cannoni Controcarro da 47/32
7° Reggimento Artiglieria Divisionale
77a Compagnia Genio Artieri
44a Compagnia Genio Telegrafisti e Radiotelegrafisti
44a Sezione Genio Fotoelettricisti
Servizi Divisionali

### 15° Comando Guardia alla Frontiera

I Settore di Copertura *Bassa Roja* (Bordighera)
    Sottosettore I/A (Ventimiglia)
        CVIII Battaglione Mitraglieri da Posizione
            631a Compagnia Mitraglieri da Posizione
            632a Compagnia Mitraglieri da Posizione
            633a Compagnia Mitraglieri da Posizione
            637a Compagnia Mitraglieri da Posizione
            638a Compagnia Mitraglieri da Posizione
            639a Compagnia Mitraglieri da Posizione
        XLVIII Gruppo Artiglieria di Settore

        30a Batteria Cannoni Campali da Posizione da 75/27
        601a Batteria Cannoni Campali da Posizione da 75/27 in caverna
        602a Batteria Cannoni Campali da Posizione da 75/27 in caverna
        519a Batteria Obici Campali da Posizione da 100/17
    Sottosettore I/B (Dolceacqua)
    CXI Battaglione Mitraglieri da Posizione
        537a Compagnia Mitraglieri da Posizione
        538a Compagnia Mitraglieri da Posizione
        553a Compagnia Mitraglieri da Posizione
        554a Compagnia Mitraglieri da Posizione
        629a Compagnia Mitraglieri da Posizione
        630a Compagnia Mitraglieri da Posizione
    XXXI Gruppo Artiglieria di Settore
        95a Batteria Cannoni Campali da Posizione da 75/27
        202a Batteria Cannoni Pesanti Campali da Posizione da 105/28
        203a Batteria Cannoni Pesanti Campali da Posizione da 105/28
    XXXIII Battaglione Camicie Nere da Montagna *Imperia*
    5a Compagnia Carri di Frontiera L 5/21
    I Reparto Misto Genio
11° Raggruppamento Artiglieria Guardia alla Frontiera
    XXIX Gruppo Cannoni Pesanti Campali da Posizione da 105/28
    LXXX Gruppo Cannoni Pesanti da Posizione da 149/35
    CI Gruppo Cannoni Pesanti da Posizione da 149/35
    1 gruppo misto
V Settore di Copertura *Media Roja* (Taggia)
    Sottosettore V/A (Pigna)
        539a Compagnia Mitraglieri da Posizione
        LXXIII Gruppo Artiglieria di Settore
            334a Batteria Cannoni Campali da Posizione da 75/27 in caverna
            67a Batteria Obici Campali da Posizione da 100/17
    Sottosettore V/B (Molini di Triora)
        540a Compagnia Mitraglieri da Posizione
        XXX Gruppo Artiglieria di Settore
            64a Batteria Cannoni Campali da Posizione da 75/27 in caverna
            57a Batteria Obici Campali da Posizione da 100/17
    XXXIV Battaglione Camicie Nere da Montagna *Savona*
    V Reparto Misto Genio
24° Raggruppamento Artiglieria Guardia alla Frontiera
XXXI Gruppo Misto

LXXIII Gruppo Misto
XCIX Gruppo Misto
1 gruppo misto
### Truppe di Corpo d'Armata

XV Battaglione Mitraglieri di Corpo d'Armata someggiato
15° Raggruppamento Artiglieria di Corpo d'Armata
IV Gruppo Cannoni Pesanti Campali da 105/28
V Gruppo Cannoni Pesanti Campali da 105/28
    VI Gruppo Cannoni Pesanti Campali da 105/28
    CIV Gruppo Obici Pesanti Campali da 149/13
    CV Gruppo Obici Pesanti Campali da 149/13
    CVI Gruppo Obici Pesanti Campali da 149/13
    2 batterie controaeree da 20/65
4° Raggruppamento Artiglieria d'Armata
8° Raggruppamento Artiglieria d'Armata
    IX Gruppo Cannoni Pesanti da 149/35
    X Gruppo Cannoni Pesanti da 149/35
    XI Gruppo Cannoni Pesanti da 149/35
    LI Gruppo Obici Pesanti da 152/37
    LXXXIII Gruppo Mortai Pesanti da 210/8
    LXXXIV Gruppo Mortai Pesanti da 210/8
    CII Gruppo Mortai Pesanti da 260/9
15° Raggruppamento Genio di Corpo d'Armata
    XI Battaglione Genio Artieri
    71a Compagnia Genio Telegrafisti
    76a Compagnia Genio Telegrafisti
    100a Compagnia Genio Radiotelegrafisti
Servizi di Corpo d'Armata.

## III CORPO D'ARMATA
(Gen. Mario Arisio, Limone Piemonte)

### 3a Divisione Fanteria da montagna *Ravenna*
(Gen. Edoardo Nebbia, Tenda)

37° Reggimento Fanteria Divisionale
38° Reggimento Fanteria Divisionale
V Battaglione Camicie Nere d'Assalto *Tortona*
III Battaglione Mortai Divisionale
3a Compagnia Cannoni Controcarro da 47/32
11° Reggimento Artiglieria Divisionale
18a Compagnia Genio Artieri
3a Compagnia Genio Telegrafisti e Radiotelegrafisti

10a Sezione Genio Fotoelettricisti
Servizi Divisionali
Battaglione *"Ceva"*/3° Reggimento Alpini

## I Raggruppamento Alpini
(Gen. Giovanni Maccario, Valdieri)

6° Gruppo Alpini *Valle*
    Battaglione *Valle Arroscia*/1° Reggimento Alpini
    Battaglione *Val Tanaro*/1° Reggimento Alpini
    Battaglione *Val Ellero*/1° Reggimento Alpini
    Battaglione *Val d'Adige*/6° Reggimento Alpini
Gruppo *Val Tanaro* da 75/13/4° Reggimento Artiglieria Alpina
Gruppo *Val Piave* da 75/13/5° Reggimento Artiglieria Alpina

## 6° Divisione Fanteria *Cuneo*
(Gen. Carlo Melotti, Borgo San Dalmazzo)

7° Reggimento Fanteria Divisionale
8° Reggimento Fanteria Divisionale
XXIV Battaglione Camicie Nere d'Assalto *Milano*
VI Battaglione Mortai Divisionale
6a Compagnia Cannoni Controcarro da 47/32
27° Reggimento Artiglieria Divisionale
24a Compagnia Genio Artieri
6a Compagnia Genio Telegrafisti e Radiotelegrafisti
1 sezione genio fotoelettricisti
Servizi Divisionali

## 3° Comando Guardia alla Frontiera

II Settore di Copertura *Alta Roja-Gessi* (Cuneo)
    Sottosettore II/A (Tenda)
        XXXV Gruppo Artiglieria di Settore
            43a Batteria Cannoni Campali da Posizione da 75/27
            44a Batteria Cannoni Campali da Posizione da 75/27
            45a Batteria Cannoni Campali da Posizione da 75/27
    Sottosettore II/B (Valdieri)
        LXIII Gruppo Artiglieria di Settore
            606a Batteria Cannoni Campali da Posizione da 75/27
            63a Batteria Obici Campali da Posizione da 100/17
            64a Batteria Obici Campali da Posizione da 100/17
            344a Batteria Obici Campali da Posizione da 100/17

CXII Battaglione Mitraglieri da Posizione
    508a Compagnia Mitraglieri da Posizione
    509a Compagnia Mitraglieri da Posizione
    510a Compagnia Mitraglieri da Posizione
    625a Compagnia Mitraglieri da Posizione
    626a Compagnia Mitraglieri da Posizione
    640a Compagnia Mitraglieri da Posizione
    641a Compagnia Mitraglieri da Posizione
    642a Compagnia Mitraglieri da Posizione
Battaglione *Val Venosta*/9° Reggimento Alpini
III Battaglione Camicie Nere da Montagna *Cuneo*
IV Battaglione Camicie Nere da Montagna *Alessandria*
II Reparto Misto Genio
16° Raggruppamento Artiglieria Guardia alla Frontiera
5 gruppi misti

### Truppe di Corpo d'Armata

III Battaglione Mitraglieri di Corpo d'Armata someggiato
CIII Battaglione Mitraglieri di Corpo d'Armata motorizzato
3° Raggruppamento Artiglieria di Corpo d'Armata
    VII Gruppo Cannoni Pesanti Campali da 105/28
    VIII Gruppo Cannoni Pesanti Campali da 105/28
    IX Gruppo Cannoni Pesanti Campali da 105/28
    CVII Gruppo Obici Pesanti Campali da 149/13
    CVIII Gruppo Obici Pesanti Campali da 149/13
    2 batterie controaeree da 20/65
7° Raggruppamento Artiglieria d'Armata
3° Raggruppamento Genio di Corpo d'Armata
    X Battaglione Genio Artieri
    72a Compagnia Genio Telegrafisti
    75a Compagnia Genio Telegrafisti
    97a Compagnia Genio Radiotelegrafisti
servizi di corpo d'armata

### II CORPO D'ARMATA
(Gen. Francesco Bertini, Caraglio)

#### 4a Divisione Fanteria da montagna *Livorno*
(Gen. Benvenuto Gioda, Vinadio)

33° Reggimento Fanteria Divisionale
34° Reggimento Fanteria Divisionale

XCV Battaglione Camicie Nere d'Assalto *Firenze*
IV Battaglione Mortai Divisionale
4a Compagnia Cannoni Controcarro da 47/32
28° Reggimento Artiglieria Divisionale
20a Compagnia Genio Artieri
4a Compagnia Genio Telegrafisti e Radiotelegrafisti
15a Sezione Genio Fotoelettricisti
Servizi Divisionali

### 33a Divisione Fanteria da montagna *Acqui*
(Gen. Francesco Sartoris, Argentera)

17° Reggimento Fanteria Divisionale
18° Reggimento Fanteria Divisionale
23a Legione Camicie Nere d'Assalto *Bersaglieri del Mincio*
    XX Battaglione Camicie Nere d'Assalto *Suzzara*
    XXIII Battaglione Camicie Nere d'Assalto *Mantova*
    23a Compagnia Camicie Nere Mitraglieri
XXXIII Battaglione Mortai Divisionale
33a Compagnia Cannoni Controcarro da 47/32
33° Reggimento Artiglieria Divisionale
31a Compagnia Genio Artieri
33a Compagnia Genio Telegrafisti e Radiotelegrafisti
31a Sezione Genio Fotoelettricisti
Servizi Divisionali

### 36a Divisione Fanteria da montagna *Forlì*
(Gen. Giulio Perugi, Acceglio)

43° Reggimento Fanteria Divisionale
44° Reggimento Fanteria Divisionale
LXXX Battaglione Camicie Nere d'Assalto *Parma*
XXXVI Battaglione Mortai Divisionale
36a Compagnia Cannoni Controcarro da 47/32
36° Reggimento Artiglieria Divisionale
66a Compagnia Genio Artieri
36a Compagnia Genio Telegrafisti e Radiotelegrafisti
36a Sezione Genio Fotoelettricisti
Servizi Divisionali

### II Raggruppamento Alpini
(Gen. Paolo Berardi, Pontechianale)

5° Gruppo Alpini *Valle*
    Battaglione *Val d'Intelvi*/5° Reggimento Alpini
    Battaglione *Valtellina*/5° Reggimento Alpini
    Battaglione *Val Camonica*/5° Reggimento Alpini
    Battaglione *Val Chiese*/6° Reggimento Alpini
Gruppo *Val Po* da 75/13/4° Reggimento Artiglieria Alpina
Gruppo *Val Camonica* da 75/13/2° Reggimento Artiglieria Alpina

## 4a Divisione Alpina *Cuneense*
(Gen. Alberto Ferrero, Dronero)

1° Reggimento Alpini (meno il Battaglione *Ceva*)
Battaglione Alpini *Pieve di Teco*
    Battaglione Alpini *Mondovì*
2° Reggimento Alpini
    Battaglione Alpini *Borgo San Dalmazzo*
    Battaglione Alpini *Dronero*
    Battaglione Alpini S*aluzzo*"
4° Reggimento Artiglieria Alpina
    Gruppo Artiglieria Alpina *Pinerolo* da 75/13
    Gruppo Artiglieria Alpina *Mondovì* da 75/13
IV Battaglione Genio Alpino
84a Compagnia Chimica
Servizi Divisionali

## 2° Comando Guardia alla Frontiera

III Settore di Copertura *Stura* (Vinadio)
    Sottosettore III/A (Vinadio)
        CVII Battaglione Mitraglieri da Posizione
            519a Compagnia Mitraglieri da Posizione
            520a Compagnia Mitraglieri da Posizione
            535a Compagnia Mitraglieri da Posizione
            536a Compagnia Mitraglieri da Posizione
            627a Compagnia Mitraglieri da Posizione
            628a Compagnia Mitraglieri da Posizione
        Battaglione *Val Stura*/ 2° Reggimento Alpini
        XXXVI Gruppo Artiglieria di Settore
            42a Batteria Cannoni Campali da Posizione da 75/27
            96a Batteria Cannoni Campali da Posizione da 75/27
            65a Batteria Obici Campali da Posizione da 100/17
            66a Batteria Obici Campali da Posizione da 100/17
            339a Batteria Obici Campali da Posizione da 100/17

Sottosettore III/B (Sambuco)
 CIX Battaglione Mitraglieri da Posizione
  634a Compagnia Mitraglieri da Posizione
  635a Compagnia Mitraglieri da Posizione
  636a Compagnia Mitraglieri da Posizione
  643a Compagnia Mitraglieri da Posizione
  644a Compagnia Mitraglieri da Posizione
 Battaglione *Val Maira*/ 2° Reggimento Alpini
 XXXVIII Gruppo Artiglieria di Settore
  69a Batteria Obici Campali da Posizione da 100/17
  70a Batteria Obici Campali da Posizione da 100/17
  338a Batteria Obici Campali da Posizione da 100/17
  518a Batteria Obici Campali da Posizione da 100/17
III Reparto Misto Genio
7° Raggruppamento Artiglieria Guardia alla Frontiera
CIII Gruppo Cannoni Pesanti da Posizione da 149/35
 CXXIII Gruppo Obici Pesanti Campali da Posizione da 149/13
 LXIII Gruppo Obici Pesanti da Posizione da 152/13
IV Settore di Copertura *Varaita-Po* (Saluzzo)
 Sottosettore IV/A (Prazzo-Acceglio)
 Sottosettore IV/B (Casteldelfino)
 Sottosettore IV/C (Crissolo)
 CVI Battaglione Mitraglieri da Posizione
  501a Compagnia Mitraglieri da Posizione
  502a Compagnia Mitraglieri da Posizione
  507a Compagnia Mitraglieri da Posizione
  647a Compagnia Mitraglieri da Posizione
  648a Compagnia Mitraglieri da Posizione
  649a Compagnia Mitraglieri da Posizione
  650a Compagnia Mitraglieri da Posizione
 XXXVIII Battaglione Camicie Nere da Montagna *Asti*
 2a Compagnia Carri di Frontiera L 5/21
 XXXVII Gruppo Artiglieria di Settore
  97a Batteria Cannoni Campali da Posizione da 75/27
  68a Batteria Obici Campali da Posizione da 100/17
 XLI Gruppo Artiglieria di Settore
  93a Batteria Cannoni Campali da Posizione da 75/27
  335a Batteria Obici Campali da Posizione da 100/17
  336a Batteria Obici Campali da Posizione da 100/17
 IV Reparto Misto Genio
14° Raggruppamento Artiglieria Guardia alla Frontiera
 XLVII Gruppo Cannoni Pesanti da Posizione da 149/37
 CXXVI Gruppo Obici Pesanti Campali da Posizione da 149/13
 LXVIII Gruppo Obici Pesanti da Posizione da 152/13
 XCV Gruppo Misto

1 batteria cannoni pesanti da posizione da 152/45
1 batteria mortai pesanti da posizione da 210/8
1 batteria mortai pesanti da posizione da 260/9

### Truppe di Corpo d'Armata

VI Battaglione Mitraglieri di Corpo d'Armata someggiato
CII Battaglione Mitraglieri di Corpo d'Armata motorizzato
2° Raggruppamento Artiglieria di Corpo d'Armata
    III Gruppo Cannoni Pesanti Campali da 105/28
    L Gruppo Cannoni Pesanti Campali da 105/28
    CXXIV Gruppo Obici Pesanti Campali da 149/13
    CXXV Gruppo Obici Pesanti Campali da 149/13
    CL Gruppo Obici Pesanti Campali da 149/13
    2 batterie controaeree da 20/65
8° Raggruppamento Artiglieria di Corpo d'Armata
    XIII Gruppo Cannoni Pesanti Campali da 105/28
    XIV Gruppo Cannoni Pesanti Campali da 105/28
    XXIII Gruppo Cannoni Pesanti Campali da 105/28
    CXIII Gruppo Obici Pesanti Campali da 149/13
    CXIV Gruppo Obici Pesanti Campali da 149/13
    2 batterie controaeree da 20/65
2° Raggruppamento Artiglieria d'Armata
    XXIII Gruppo Cannoni Pesanti da 149/35
    VII Gruppo Cannoni Pesanti da 149/35
    LXXI Gruppo Cannoni Pesanti da 149/35
2° Raggruppamento Genio di Corpo d'Armata
    V Battaglione Genio Artieri
    84a Compagnia Genio Telegrafisti
    101a Compagnia Genio Tadiotelegrafisti
    72a Sezione Genio Fotoelettricisti
    152a Compagnia Genio Lavoratori
1a Compagnia Chimica
Servizi di Corpo d'Armata

### RISERVA D'ARMATA

#### 22a Divisione Fanteria *Cacciatori delle Alpi*
(Gen. Dante Lorenzelli, Pieve di Teco)

51° Reggimento Fanteria Divisionale
52° Reggimento Fanteria Divisionale

CV Battaglione Camicie Nere d'Assalto *Orvieto*
XXII Battaglione Mortai Divisionale
22a Compagnia Cannoni Controcarro da 47/32
1° Reggimento Artiglieria Divisionale
56a Compagnia Genio Artieri
22a Compagnia Genio Telegrafisti e Radiotelegrafisti
21a Sezione Genio Fotoelettricisti
Servizi Divisionali

## 5a Divisione Alpina *Pusteria*
(Gen. Amedeo De Cia, Ormea)

7° Reggimento Alpini
    Battaglione Alpini *Feltre*
    Battaglione Alpini *Belluno*
    Battaglione Alpini *Pieve di Cadore*
11° Reggimento Alpini
    Battaglione Alpini *Bassano*
    Battaglione Alpini *Trento*
    Battaglione Alpini *Bolzano*
5° Reggimento Artiglieria Alpina
    Gruppo Artiglieria Alpina *Lanzo* da 75/13
    Gruppo Artiglieria Alpina *Belluno* da 75/13
V Battaglione Genio Alpino
85a Compagnia Chimica
Servizi Divisionali

## 7a Divisione Fanteria *Lupi di Toscana*
(Gen. Ottavio Bollea, Ceva)

77° Reggimento Fanteria Divisionale
78° Reggimento Fanteria Divisionale
XV Battaglione Camicie Nere da Montagna *Brescia*
VII Battaglione Mortai Divisionale
7a Compagnia Cannoni Controcarro da 47/32
30° Reggimento Artiglieria Divisionale
30a Compagnia Genio Artieri
7a Compagnia Genio Telegrafisti e Tadiotelegrafisti
12a Sezione Genio Fotoelettricisti
Servizi Divisionali

## 16a Divisione Fanteria *Pistoia*
(Gen. Mario Priore, Saluzzo)

35° Reggimento Fanteria Divisionale
36° Reggimento Fanteria Divisionale
LXXII Battaglione Camicie Nere da Montagna *Modena*
XVI Battaglione Mortai Divisionale
16a Compagnia Cannoni Controcarro da 47/32
3° Reggimento Artiglieria Divisionale
44a Compagnia Genio Artieri
16a Compagnia Genio Telegrafisti e Tadiotelegrafisti
1 sezione genio fotoelettricisti
Servizi Divisionali


## Raggruppamento Celere 1a Armata
(Gen. Carlo Ceriana Mayneri, Fossano)

1° Reggimento Bersaglieri
    I Battaglione Bersaglieri Ciclisti
    VII Battaglione Bersaglieri Ciclisti
    IX Battaglione Bersaglieri Ciclisti
    1a Compagnia Bersaglieri Motociclisti
3° Reggimento Fanteria Carrista
    V Battaglione Carri L 3/35
    XI Battaglione Carri L 3/35
Reggimento *Cavalleggeri di Monferrato*
    I Gruppo Squadroni Cavalleggeri
    II Gruppo Squadroni Cavalleggeri
    5° Squadrone Mitraglieri


## Truppe d'Armata

4° Reggimento Artiglieria Controaerei
    XVII Gruppo Artiglieria Controaerei
    XXII Gruppo Artiglieria Controaerei
1° Raggruppamento Genio d'Armata
    II Battaglione Genio Minatori
V Battaglione Genio Minatori
    II Battaglione Genio Teleferisti
    I Battaglione Genio Telegrafisti
    I Battaglione Genio Radiotelegrafisti

## INTENDENZA D'ARMATA

### 4A ARMATA
(Gen. Alfredo Guzzoni, Rivoli)

### IV CORPO D'ARMATA
(Gen. Camillo Mercalli, Pragelato)

### 3° Reggimento Alpini
(Col. Emilio Faldella, Torre Pellice)

Battaglione Alpini *Pinerolo*
Battaglione Alpini *Fenestrelle*
Battaglione Alpini *Val Pellice*
Battaglione Alpini *Val Chisone*
1a Batteria/Gruppo *Susa* da 75/13/1° Reggimento Artiglieria Alpina
40a Batteria/Gruppo *Susa* da 75/13/1° Reggimento Artiglieria Alpina
47a Batteria/Gruppo *Val Chisone* da 75/13/1° Reggimento Artiglieria Alpina
48a Batteria/Gruppo *Val Chisone* da 75/13/1° Reggimento Artiglieria Alpina

### 26a Divisione Fanteria da montagna *Assietta*
(Gen. Emanuele Girlando, Cesana)

29° Reggimento Fanteria Divisionale
30° Reggimento Fanteria Divisionale
XVII Battaglione Camicie Nere d'Assalto *Cremona*
XXVI Battaglione Mortai Divisionale
26a Compagnia Cannoni Controcarro da 47/32
25° Reggimento Artiglieria Divisionale
64a Compagnia Genio Artieri
22a Compagnia Genio Telegrafisti e Radiotelegrafisti
11a Sezione Genio Fotoelettricisti
Servizi Divisionali

### 2a Divisione Fanteria da montagna *Sforzesca*
(Gen. Alfonso Ollearo, Sestriere)

53° Reggimento Fanteria Divisionale
54° Reggimento Fanteria Divisionale
XXX Battaglione Camicie Nere d'Assalto *Novara*

II Battaglione Mortai Divisionale
2a Compagnia Cannoni Controcarro da 47/32
17° Reggimento Artiglieria Divisionale
16a Compagnia Genio Artieri
2a Compagnia Telegrafisti e Radiotelegrafisti
11a Compagnia Telegrafisti
8a Sezione Genio Fotoelettricisti
Servizi Divisionali

## 4° Comando Guardia alla Frontiera

VI Settore di Copertura *Germanasca-Pellice* (Pinerolo)
   Sottosettore VI/A (Torre Pellice)
      XXXII Gruppo Artiglieria di Settore
         265a Batteria Cannoni Campali da Posizione da 65/17
         31a Batteria Cannoni Campali da Posizione da 75/27
         340a Batteria Obici Campali da Posizione da 100/17
         341a Batteria Obici Campali da Posizione da 100/17
   Sottosettore VI/B (Perrero)
      LXX Gruppo Artiglieria di Settore
         149a Batteria Cannoni Pesanti da Posizione da 149/35
         150a Batteria Cannoni Pesanti da Posizione da 149/35
         179a Batteria Mortai Pesanti da Posizione da 210/8
         180a Batteria Mortai Pesanti da Posizione da 210/8
   CXCII Battaglione Mitraglieri da Posizione
      531a Compagnia Mitraglieri da Posizione
      532a Compagnia Mitraglieri da Posizione
      571a Compagnia Mitraglieri da Posizione
      572a Compagnia Mitraglieri da Posizione
      605a Compagnia Mitraglieri da Posizione
      606a Compagnia Mitraglieri da Posizione
      607a Compagnia Mitraglieri da Posizione
   I Battaglione Camicie Nere da Montagna *Torino*
   VI Reparto Misto Genio
22° Raggruppamento Artiglieria Guardia alla Frontiera
VIII Gruppo Cannoni Pesanti da Posizione da 149/35
   LV Gruppo Cannoni Pesanti da Posizione 149/35
   LXXXVIII Gruppo Cannoni Pesanti da Posizione 149/35
   540a Batteria Obici Pesanti da Posizione da 305/17 (2 pezzi)
VII Settore di Copertura *Monginevro* (Cesana)
   Sottosettore VII/A (Bousson)
      XXXIV Gruppo Artiglieria di Settore
         327a Batteria Cannoni Campali da Posizione da 75/27
         607a Batteria Cannoni Campali da Posizione da 75/27 in caverna

608a Batteria Cannoni Campali da Posizione da 75/27 in casamatta
609a Batteria Cannoni Campali da Posizione da 75/27 in casamatta
610a Batteria Cannoni Campali da Posizione da 75/27 in casamatta
515a Batteria Cannoni Pesanti da Posizione da 149/35 in cupola nel Forte Chaberton
    Sottosettore VII/B (Cesana)
        XLIV Gruppo Artiglieria di Settore
            82a Batteria Cannoni Campali da Posizione da 75/27
            83a Batteria Cannoni Campali da Posizione da 75/27
            74a Batteria Obici Campali da Posizione da 100/17
    CII Battaglione Mitraglieri da Posizione
        620a Compagnia Mitraglieri da Posizione
        621a Compagnia Mitraglieri da Posizione
        622a Compagnia Mitraglieri da Posizione
        5 compagnie mitraglieri da posizione
    II Battaglione Camicie Nere da Montagna *Torino*
    4a Compagnia Carri di Frontiera L 5/21
    VII Reparto Misto Genio
8° Raggruppamento Artiglieria Guardia alla Frontiera
    9 batterie cannoni campali da posizione da 75/27
    1 batteria obici campali da posizione da 100/17
    1 batteria cannoni pesanti campali da posizione da 105/28
    3 batterie cannoni pesanti da posizione da 149/35
    1 batteria cannoni pesanti da posizione da 149/35 in cupola nel Forte Pramand
    1 batteria mortai pesanti da posizione da 260/9

## Truppe di Corpo d'Armata

IV Battaglione Mitraglieri di Corpo d'Armata someggiato
4° Raggruppamento Artiglieria di Corpo d'Armata
2 gruppi cannoni pesanti campali da 105/28
    3 gruppi obici pesanti campali da 149/13
    2 batterie controaeree da 20/65
6° Raggruppamento Artiglieria d'Armata
    2 gruppi cannoni pesanti da 149/35
    1 gruppo cannoni pesanti da 152/45
    1 gruppo obici pesanti da 152/37
    1 gruppo mortai pesanti da 210/8
4° Raggruppamento Genio di Corpo d'Armata
    I Battaglione Genio Artieri

73a Compagnia Genio Telegrafisti
92a Compagnia Genio Telegrafisti
98a Compagnia Genio Radiotelegrafisti
Servizi di Corpo d'Armata

## I CORPO D'ARMATA
(Gen. Carlo Vecchiarelli, Meana di Susa)

### 1a Divisione Fanteria da montagna *Superga*
(Gen. Curio Barbasetti di Prun, Bardonecchia)

91° Reggimento Fanteria Divisionale
92° Reggimento Fanteria Divisionale
XVIII Battaglione Camicie Nere d'Assalto *Crema*
I Battaglione Mortai Divisionale
1a Compagnia Cannoni Controcarro da 47/32
5° Reggimento Artiglieria Divisionale
14a Compagnia Genio Artieri
1a Compagnia Genio Telegrafisti e Radiotelegrafisti
1a Sezione Genio Fotoelettricisti
Servizi Divisionali

### 59a Divisione Fanteria da montagna *Cagliari*
(Gen. Antonio Scuero, Susa)

63° Reggimento Fanteria Divisionale
64° Reggimento Fanteria Divisionale
XXVIII Battaglione Camicie Nere d'Assalto *Vercelli*
LIX Battaglione Mortai Divisionale
59a Compagnia Cannoni Controcarro da 47/32
59° Reggimento Artiglieria Divisionale
15a Compagnia Genio Artieri
59a Compagnia Genio Telegrafisti e Radiotelegrafisti
1 sezione genio fotoelettricisti
Servizi Divisionali

### 24a Divisione Fanteria *Pinerolo*
(Gen. Giuseppe De Stefanis, Chiomonte)

13° Reggimento Fanteria Divisionale
14° Reggimento Fanteria Divisionale

XXIV Battaglione Mortai Divisionale
18° Reggimento Artiglieria Divisionale
61a Compagnia Genio Artieri
24a Compagnia Genio Telegrafisti e Radiotelegrafisti
63a Sezione Genio Fotoelettricisti
Servizi Divisionali

## 1° Comando Guardia alla Frontiera

VIII Settore di Copertura *Bardonecchia* (Bardonecchia)
Sottosettore VIII/a (Bardonecchia)
    Sottosettore VIII/b (Bardonecchia)
CI Battaglione Mitraglieri da Posizione
503a Compagnia Mitraglieri da Posizione
    504a Compagnia Mitraglieri da Posizione
    549a Compagnia Mitraglieri da Posizione
    551a Compagnia Mitraglieri da Posizione
    601a Compagnia Mitraglieri da Posizione
    619a Compagnia Mitraglieri da Posizione
3° Gruppo Alpini *Valle*
    Battaglione *Exille*/3° Reggimento Alpini
    Battaglione *Val Dora*/3° Reggimento Alpini
    Battaglione *Val Fassa*/9° Reggimento Alpini
LIV Gruppo Artiglieria di Settore
    605a Batteria Cannoni Campali da Posizione da 75/27
    612a Batteria Cannoni Campali da Posizione da 75/27
    619a Batteria Cannoni Campali da Posizione da 75/27
    516a Batteria Cannoni Pesanti Campali da Posizione da 120/21 in cupola nel Forte Bramafan
    3a Batteria/Gruppo *Susa* da 75/13/1° Reggimento Artiglieria Alpina
    49a Batteria/Gruppo *Val Chisone* da 75/13/1° Reggimento Artiglieria Alpina
    77a Batteria/Gruppo *Val d'Adige* da 75/13/5° Reggimento Artiglieria Alpina
VIII Reparto Misto Genio
19° Raggruppamento Artiglieria Guardia alla Frontiera
    6 batterie cannoni campali da posizione da 75/27
    5 batterie obici campali da posizione da 100/17
    1 batteria obici da posizione da 105/14
    517a Batteria Cannoni da Posizione da 120/21 in cupola nel Forte Giaglione
    3 batterie cannoni pesanti da posizione da 149/35
    1 batteria cannoni pesanti da posizione da 152/45
IX Settore di Copertura *Moncenisio* (Susa)
    Sottosettore IX/A (Susa)
        LXXVII Gruppo Artiglieria di Settore

36a Batteria Cannoni Campali da Posizione da 75/27
613a Batteria Cannoni Campali da Posizione da 75/27
614a Batteria Cannoni Campali da Posizione da 75/27
615a Batteria Cannoni Campali da Posizione da 75/27
616a Batteria Cannoni Campali da Posizione da 75/27
617a Batteria Cannoni Campali da Posizione da 75/27 in caverna
75a Batteria Obici Campali da Posizione da 100/17
76a Batteria Obici Campali da Posizione da 100/17
Sottosettore IX/B (Ospizio del Moncenisio)
LXVIII Gruppo Artiglieria di Settore
60a Batteria Obici Campali da Posizione da 100/17
512a Batteria Cannoni Pesanti da Posizione da 149/35 nel Forte Paradiso
513a Batteria Cannoni Pesanti da Posizione da da 149/35 nel Forte La Court
CXIII Battaglione Mitraglieri da Posizione
533a Compagnia Mitraglieri da Posizione
534a Compagnia Mitraglieri da Posizione
603a Compagnia Mitraglieri da Posizione
623a Compagnia Mitraglieri da Posizione
624a Compagnia Mitraglieri da Posizione
645a Compagnia Mitraglieri da Posizione
Battaglione Alpini *Susa*/3° Reggimento Alpini
Battaglione Alpini *Val Cenischia*/3° Reggimento Alpini
XI Battaglione Camicie Nere d'Assalto *Casalmonferrato*
2a Batteria/Gruppo *Susa* da 75/13/1° Reggimento Artiglieria Alpina
39a Batteria/Gruppo *Valle Isonzo* da 75/13/3° Reggimento Artiglieria Alpina
50a Batteria/Gruppo *Val Chisone* da 75/13/1° Reggimento Artiglieria Alpina
IX Reparto Misto Genio
23° Raggruppamento Artiglieria Guardia alla Frontiera
5 batterie cannoni campali da posizione da 75/27
5 batterie obici campali da posizione da 100/17
1 batteria obici da posizione da 105/14
1 batteria cannoni da posizione da 120/21
4 batterie cannoni pesanti da posizione da 149/35
1 batteria cannoni pesanti da posizione da 152/45

### Truppe di Corpo d'Armata

I Battaglione Mitraglieri di Corpo d'Armata someggiato
CI Battaglione Mitraglieri di Corpo d'Armata motorizzato
1° Raggruppamento Artiglieria di Corpo d'Armata
2 gruppi cannoni campali da 105/28

        1 gruppo obici campali da 100/17
        1 gruppo obici pesanti campali da 149/13
        2 batterie controaeree da 20/65
1° Raggruppamento Artiglieria d'Armata
        2 gruppi cannoni pesanti da 149/35
        3 gruppi obici pesanti da 152/13
        2 gruppi mortai pesanti da 210/8
9° Raggruppamento Artiglieria d'Armata
        II Gruppo Cannoni Pesanti Campali da 105/28
        XXIV Gruppo Cannoni Pesanti Campali da 105/28
        XV Gruppo Cannoni Pesanti da 149/35
        CII Gruppo Obici Pesanti Campali da 149/13
        LXI Gruppo Obici Pesanti da 152/13
1° Raggruppamento Genio di Corpo d'Armata
        IX Battaglione Genio Artieri
        78a Compagnia Genio Telegrafisti
        83a Compagnia Genio Telegrafisti
        96a Compagnia Genio Radiotelegrafisti
        71a Sezione Genio Fotoelettricisti
Servizi di Corpo d'Armata


## CORPO D'ARMATA ALPINO
(Gen. Luigi Negri, Ivrea)


### Raggruppamento Alpini *Levanna*
(Gen. Mario Girotti, Lanzo)

Battaglione *Intra*/4° Reggimento Alpini
Battaglione *Val Brenta*/6° Reggimento Alpini
Battaglione *Val Cismon*/7° Reggimento Alpini
Gruppo *Val d'Orco*/1° Reggimento Altiglieria Alpina
    51a Batteria Artiglieria Alpina da 75/13
    52a Batteria artiglieria Alpina da 75/13
76a Batteria/Gruppo *Val d'Adige*/5° Reggimento Altiglieria Alpina


### 1a Divisione Alpina *Taurinense*
(Gen. Paolo Micheletti, Valgrisanche)

4° Reggimento Alpini
    Battaglione Alpini *Aosta*
    Battaglione Alpini *Val Baltea*
    Battaglione Alpini *Val d'Orco*

4° Gruppo Alpini *Valle*
    Battaglione *Ivrea*/4° Reggimento Alpini
    Battaglione *Val Cordevole*/7° Reggimento Alpini
    Battaglione *Val Piave*/7° Reggimento Alpini
1° Reggimento Artiglieria Alpina
    Gruppo Artiglieria Alpina *Aosta* da 75/13
    Gruppo *Val d'Adige* da 75/13/5° Reggimento Artiglieria Alpina
I Battaglione Genio Alpino
81a Compagnia Chimica
Servizi Divisionali

## 2a Divisione Alpina *Tridentina*
(Gen. Ugo Santovito, Saint Pierre)

5° Reggimento Alpini
    Battaglione Alpini *Edolo*
    Battaglione Alpini *Tirano*
    Battaglione Alpini *Morbegno*
6° Reggimento Alpini (meno il Battaglione *Val Chiese*)
    Battaglione Alpini *Vestone*
    Battaglione Alpini *Verona*
2° Reggimento Artiglieria Alpina
    Gruppo Artiglieria Alpina *Bergamo* da 75/27
    Gruppo Artiglieria Alpina *Vicenza* da 75/27
II Battaglione Genio Alpino
82a Compagnia Chimica
Servizi Divisionali

## 25° Comando Guardia alla Frontiera

Sottosettore di Copertura Autonomo (Levanna)
    4 compagnie mitraglieri da posizione
    71a Batteria Obici Campali da Posizione da 100/17
    73a Batteria Obici Campali da Posizione da 100/17
X Settore di Copertura *Baltea-Orco-Sture* (Aosta)
    Sottosettore X/A (Aosta)
        XXXIII Gruppo Artiglieria di Settore
            209a Compagnia Cannoni Pesanti da Posizione da 149/35
            210a Compagnia Cannoni Pesanti da Posizione da 149/35
            706a Compagnia Mortai Pesanti da Posizione da 260/9
    Sottosettore X/B (Desiderio Terme)
LXXII Gruppo Artiglieria di Settore
        28a Batteria Cannoni Campali da Posizione da 75/27

    29a Batteria Cannoni Campali da Posizione da 75/27
  Sottosettore X/C (Aosta)
    LXXIX Gruppo Artiglieria di Settore
      328a Batteria Cannoni Campali da Posizione da 75/27
      1 batteria cannoni campali da posizione da 75/27
      79a Bis Batteria Obici Campali da Posizione da 100/17
      342a Batteria Obici Campali da Posizione da 100/17
      343a Batteria Obici Campali da Posizione da 100/17
      345a Batteria Obici Campali da Posizione da 100/17
CX Battaglione Mitraglieri da Posizione
    517a Compagnia Mitraglieri da Posizione
    518a Compagnia Mitraglieri da Posizione
    610a Compagnia Mitraglieri da Posizione
    646a Compagnia Mitraglieri da Posizione
  Battaglione Alpini d'Istruzione *Duca degli Abruzzi*[37]
  Reparto Arditi Alpieri
  Reparto Alpini Autonomo *Monte Bianco* (sciatori-guide)
    Sottosettore *Miage*
    Sottosettore *Gigante*
    Sottosettore *Ferre*
  XII Battaglione Camicie Nere da Montagna *Aosta*
  X Reparto Misto Genio
12° Raggruppamento Artiglieria Guardia alla Frontiera


**Truppe di Corpo d'Armata**

CIII Battaglione Mitraglieri di Corpo d'Armata Motorizzato
Servizi di Corpo d'Armata


**RISERVA D'ARMATA**
**58a Divisione Fanteria *Legnano***
(Gen. Edoardo Scala, Fenestrelle)

67° Reggimento Fanteria Divisionale
68° Reggimento Fanteria Divisionale
XXVI Battaglione Camicie Nere d'Assalto *Legnano*
LVIII Battaglione Mortai Divisionale
58a Compagnia Cannoni Controcarro da 47/32
58° Reggimento Artiglieria Divisionale
25a Compagnia Genio Artieri

---

[37] Il futuro btg. Alpini sciatori *Monte Cervino*

58a Compagnia Genio Telegrafisti e Radiotelegrafisti
67a Sezione Genio Fotoelettricisti
Servizi Divisionali

## 11a Divisione Fanteria *Brennero*
(Gen. Arnaldo Forgiero, Bussoleno)

231° Reggimento Fanteria Divisionale
232° Reggimento Fanteria Divisionale
XL Battaglione Camicie Nere d'Assalto *Verona*
XI Battaglione Mortai Divisionale
11a Compagnia Cannoni Controcarro da 47/32
9° Reggimento Artiglieria Divisionale
32a Compagnia Genio Artieri
11a Compagnia Genio Telegrafisti e Radiotelegrafisti
1 sezione genio fotoelettricisti
Servizi Divisionali

## Raggruppamento Celere 4a Armata
(Gen. Enrico Gazzale, Rivalta)

4° Reggimento Bersaglieri
    XXVI Battaglione Bersaglieri Ciclisti
    XXIX Battaglione Bersaglieri Ciclisti
    XXXI Battaglione Bersaglieri Ciclisti
    4a Compagnia Bersaglieri Motociclisti
1° Reggimento Fanteria Carrista
    I Battaglione Carri L 3/35 *Maggiore Ribet*
    II Battaglione Carri L 3/35 *Generale Berardi*
    III Battaglione Carri L 5/30
    IV Battaglione Carri L 3/35 *Generale Monti*
1° Reggimento *Nizza Cavalleria*

## Truppe d'Armata

1° Reggimento Artiglieria Controaerei
    4 gruppi artiglieria controaerei
5° Raggruppamento Genio d'Armata
    I Battaglione Genio Minatori
    III Battaglione Genio Minatori
    2a Compagnia Genio Telegrafisti
    139a Compagnia Genio Radiotelegrafisti

## INTENDENZA D'ARMATA

### 7A ARMATA (assegnata di riserva dallo SMRE)
(Gen. Filiberto di Savoia, Duca di Pistoia, Asti)

### VII CORPO D'ARMATA (Gen. Aldo Aymonino, San Damiano d'Asti)

#### 20a Divisione Fanteria *Friuli*
(Gen. Vittorio Sogno, Alba)

87° Reggimento Fanteria Divisionale
88° Reggimento Fanteria Divisionale
LXXXVIII Battaglione Camicie Nere d'Assalto *Livorno*
XX Battaglione Mortai Divisionale
120a Compagnia Cannoni Controcarro da 47/32
35° Reggimento Artiglieria da Campagna
52a Compagnia Genio Artieri
20a Compagnia Genio Telegrafisti e Radiotelegrafisti
24a Sezione Genio Fotoelettricisti
Servizi Divisionali

#### 41a Divisione Fanteria *Firenze*
(Gen. Paride Negri, Poirino)

127° Reggimento Fanteria Divisionale
128° Reggimento Fanteria Divisionale
XCII Battaglione Camicie Nere d'Assalto *Firenze*
XLI Battaglione Mortai Divisionale
41a Compagnia Cannoni Controcarro da 47/32
41° Reggimento Artiglieria Divisionale
53a Compagnia Genio Artieri
41a Compagnia Genio Telegrafisti e Radiotelegrafisti
1 sezione genio fotoelettricisti
Servizi Divisionali

#### Truppe di Corpo d'Armata

VII Battaglione Mitraglieri di Corpo d'Armata someggiato
7° Raggruppamento Artiglieria di Corpo d'Armata
7° Raggruppamento Genio di Corpo d'Armata
Servizi di Corpo d'Armata

## VIII CORPO D'ARMATA
(Gen. Remo Gambelli, Acqui Terme)

### 51a Divisione Fanteria *Siena*
(Gen. Gualtiero Gabutti, Canelli)

31° Reggimento Fanteria Divisionale
32° Reggimento Fanteria Divisionale
CXLI Battaglione Camicie Nere d'Assalto *Caserta*
LI Battaglione Mortai Divisionale
51a Compagnia Cannoni Controcarro da 47/32
51° Reggimento Artiglieria Divisionale
83a Compagnia Genio Artieri
51a Compagnia Genio Telegrafisti e Radiotelegrafisti
64a Sezione Genio Fotoelettricisti
Servizi Divisionali

### 21a Divisione Fanteria *Granatieri di Sardegna*
(Gen. Taddeo Orlando, in arrivo da Civitavecchia)

1° Reggimento Granatieri
2° Reggimento Granatieri
CXII Battaglione Camicie Nere Motorizzato *Roma*
XXI Battaglione Mortai Divisionale
21a Compagnia Cannoni Controcarro da 47/32
13° Reggimento Artiglieria Divisionale
54a Compagnia Genio Artieri
21a Compagnia Genio Telegrafisti e Radiotelegrafisti
1 sezione genio fotoelettricisti
Servizi Divisionali

### Truppe di Corpo d'Armata

VIII Battaglione Mitraglieri di Corpo d'Armata someggiato
8° Raggruppamento Genio di Corpo d'Armata
Servizi Divisionali

### TRUPPE D'ARMATA
7° Raggruppamento Genio d'Armata

**INTENDENZA D'ARMATA**


**CORPO D'OSSERVAZIONE SVIZZERA – SCACCHIERE SETTENTRIONALE** (Como)

XI Settore di Copertura (Varese)
    Sottosettore XI/A (Domodossola)
        Battaglione *Val Toce*/4° Reggimento Alpini
        XXIX Battaglione Camicie Nere da Montagna *Arona*
    Sottosettore XI/B (Como)
        VIII Battaglione Camicie Nere da Montagna *Varese*
        XVI Battaglione Camicie Nere da Montagna *Como*
    CIV Battaglione Mitraglieri da Posizione
        513a Compagnia Mitraglieri da Posizione
        542a Compagnia Mitraglieri da Posizione
        613a Compagnia Mitraglieri da Posizione
        614a Compagnia Mitraglieri da Posizione
        615a Compagnia Mitraglieri da Posizione
        516a Compagnia Mitraglieri da Posizione
        617a Compagnia Mitraglieri da Posizione
    CIV Gruppo Artiglieria di Settore
        174a Batteria Cannoni Campali da Posizione da 75/27
        356a Batteria Obici Campali da Posizione da 100/17
    XI Reparto Misto Genio
XII Settore di Copertura (Sondrio)
Sottosettore XII/A (Chiavenna)
        511a Compagnia Mitraglieri da Posizione
        IX Battaglione Camicie Nere da Montagna *Sondrio*
    Sottosettore XII/B (Madonna di Tirano)
        512a Compagnia Mitraglieri da Posizione
        XLI Battaglione Camicie Nere da Montagna *Trento*
    XL Gruppo Artiglieria di Settore
        522a Batteria Cannoni da Posizione da 120/40 in cupola nel Forte Venini
        520a Batteria Cannoni Pesanti da Posizione da 149/35 in cupola nel Forte Lusardi
        521a Batteria Cannoni Pesanti da Posizione da 149/35 in cupola nel Forte Sertoli
    XII Reparto Misto Genio

Camicie Nere sul fronte francese, 1940. Si notino i kepi della *Gendarmerie* presi in qualche caserma confinaria(sopra).
Fanti della *Cosseria* nel centro di Mentone, 24 giugno 1940 (sotto)

**REPUBLIQUE FRANÇAISE**

**ARMEE DES ALPES**
(général Renè Olry)

### 8e division d'infanterie coloniale
(8e DIC - général Gillier)

78e groupe de reconnaissance de division d'infanterie (78e GRDI)
4e régiment d'infanterie coloniale (4e RIC)
25e régiment de tirailleurs sénégalais (25e RTS)
26e régiment de tirailleurs sénégalais (26e RTS)
8e régiment d'artillerie coloniale (8e RACTTT)
208e régiment d'artillerie lourde coloniale (208e RALC)

### Groupe de bataillon de chars 514 (GBC 514)

Bataillon de chars des troupes coloniales (BCTC equipaggiato con carri Renault FT)

### 14E CORPS D'ARMEE
(général Beynet)

20e groupe de reconnaissance de corps d'armée (20e GRCA)
114e régiment d'artillerie lourde hippomobile (114e RALH)
Secteur défensif du Rhône
Secteur fortifié de la Savoie
Secteur fortifié du Dauphiné

### 64e division d'infanterie alpine
(64e DIAlp - général de Saint Vincent)

55e groupe de reconnaissance de division d'infanterie (55e GRDI)
299e régiment d'infanterie alpine (299e RIA)
45e demi brigade de chasseurs alpins (45e DBCA) composta
dai 87e, 93e e 107e BCA
47e demi brigade de chasseurs alpins (47e DBCA) composta
dai 86e, 91e e 95e BCA
93e régiment d'artillerie de montagne (93e RAM)
293e régiment d'artillerie lourde divisionnaire (293e RALD)

### 66e division d'infanterie alpine (66e DIAlp - général Boucher)

53e groupe de reconnaissance de division d'infanterie (53e GRDI)
215e régiment d'infanterie (215e RI)
281e régiment d'infanterie (281e RI)
343e régiment d'infanterie (343e RI)
9e régiment d'artillerie divisionnaire (9e RAD)
209e régiment d'artillerie lourde divisionnaire (209e RALD)

### 15E CORPS D'ARMÉE
(général Montagne)

21e groupe de reconnaissance de corps d'armée (21e GRCA)
113e régiment d'artillerie lourde hippomobile (113e RALH)
Secteur fortifié des Alpes-Maritimes
Secteur défensif de Nice

### 65e division d'infanterie alpine
(65e DIAlp - général de Saint Julien)

54e groupe de reconnaissance de division d'infanterie (54e GRDI)
203e régiment d'infanterie alpine (203e RIA)
42e demi brigade de chasseurs alpins (42e DBCA) composta
dai 89e, 98e e 100e BCA
46e demi brigade de chasseurs alpins (46e DBCA) composta dai 102e, 104e e 105e BCA
96e régiment d'artillerie de montagne (96e RAM)
296e régiment d'artillerie lourde divisionnaire (296e RALD)

### 2e division d'infanterie coloniale
(2e DIC - général Maignan)

72e groupe de reconnaissance de division d'infanterie (72e GRDI)
Régiment d'infanterie coloniale du Maroc (RICM)
4e régiment de tirailleurs sénégalais (4e RTS)
8e régiment de tirailleurs sénégalais (8e RTS)
2e régiment d'artillerie coloniale (2e RAC)
202e régiment d'artillerie lourde coloniale (202e RALC)

### COMMANDEMENT SUPÉRIEUR DE LA DÉFENSE DE CORSE
(général Mollard)

92e régiment d'artillerie de montagne (92e RAM)
363e demi brigade d'infanterie (363e DBI)
373e régiment d'infanterie alpine (373e RIA)

### FORCES AÉRIENNES

Groupe de reconnaissance II/14 (GR II/14)
Groupe de chasse III/6 (GC III/6)

**Distintivo dell'*Armèe des Alpes***

Cartolina del XV Corpo d'Armata: il fante italiano abbatte il cippo confinario con la data 1861, data della cessione di Nizza alla Francia-

# BIBLIOGRAFIA

AAVV 1962, *Milizia Armata di Popolo*, Roma.
M. Arcati, 1963, *La guerre franco- italienne*, Paris
H. Azeau, 1967, *La guerre franco- italienne*, Paris.
P. Badoglio 1946. *L'Italia nella Seconda guerra Mondiale: prima e dopo il 25 luglio*, Milano.
M. Barilli 1958, *Storia del 7° Alpini*, Agordo.
U. Barlozzetti, A. Pirella 1986, *Mezzi dell'Esercito italiano 1935- 1945*, Firenze.
H. Beraud, 1987 , *Bataille des Alpes, album mémorial, juin 1940-1944/45*, Bayeux.
A.Biagini, F. Frattolillo 1988, *Diario Storico del Comando Supremo*, I, Roma USSME.
G. Bocca 1969, *Storia d'Italia nella guerra fascista*, Milano.
J. Boell 1967, *Éclaireurs-skieurs au combat, 1940, 1944, 1945*, Paris
O. Bovio 1999, *In alto la bandiera. Storia del Regio Esercito*, Bastogi, Foggia.
G. Bucciante 1989, *I generali della dittatura*, Mondadori, Milano.
R. Canosa 2005, *Graziani. Il Maresciallo d'Italia dalla guerra d'Etiopia alla Repubblica di Salò*, Milano.
E. Castellano 1984, *Distruggete lo Chaberton!*, Torino.
U. Cavallero 1984, *Diario 1940- 1943* (a cura di G. Bucciante), Roma.
G. Cecini 2016, *I generali di Mussolini*, Roma.
A. Cova 1987, *Graziani. Un generale per il regime*, Roma.
L. Ceva 1975, *la condotta italiana della guerra*, Milano.
L. Ceva, *Storia delle Forze armate in Italia*, Torino.
G. Ciano 1990, *Diario 1937- 1943* (a cura di R. De Felice), , Milano.
B.e R. Cima, M. Truttmann, 1995, *Juin 1940. La glorieuse défense du Pont Saint-Louis*, Menton
P. Crociani, P.P. Battistelli, 2010, *Italian Blackshirt 1935- 1945,* Oxford.
C. De Biase 1969, *L'Aquila d'oro. Storia dello Stato Maggiore Italiano (1861-1945),*, Milano.
R. De Felice 1981, *Mussolini il duce. II Lo Stato totalitario 1936- 1940*, Torino .
R. De Felice 1990, *Mussolini l'alleato. 1. L'Italia in guerra 1940-43. 1. Dalla guerra "breve" alla guerra lunga*, Torino.
R. De Felice 1990b, *Mussolini l'alleato. 1. L'Italia in guerra 1940-43*, Torino.
C. De Risio 1978, *Generali, servizi segreti e fascismo*, Milano.
E. Faldella 1960, *L'Italia nella seconda guerra mondiale*, Bologna.
E. Galbiati 1942, *La Milizia al vaglio della guerra,* Milano.
D. Gariglio 2001, *Popolo Italiano ! Corri alle armi, 10-25 giugno 1940: l'attacco alla Francia*, Peveragno
V. Gallinari 1981, *Le operazioni del giugno 1940 sulle Alpi occidentali*, Roma, USSME.
J. Gooch 2011, *Mussolini e i suoi generali*, tr.it., Gorizia.
J.-N. Grandhomme 2004, *La Seconde Guerre mondiale en France*, Rennes
R. Graziani 1947, *Ho difeso la Patria,* , Milano.

J. Greene 1990, *Mare Nostrum. The War in the Mediterranean*, Watsonville.
Gruppo Medaglie d'Oro al Valor Militare 1965- 1973, *Le Medaglie d'Oro al Valor Militare*, I- III, Roma.
V. Ilari, A. Sema 1989, *Marte in orbace: guerra, esercito e milizia nella concezione fascista della nazione*, Ancona.
D. Irving 1989, *Hitler's War*, London (tr.it. Roma 2001).
F. le Moal et M. Schiavon 2010, *Juin 1940, la guerre des Alpes : enjeux et stratégies*, Paris.
P. Jowett 2000, *The Italian Army 1940- 1945* [1] *Europe 1940- 43*, Oxford.
P. Jowett 2004, *The Italian Army at War. Europe 1940- 1943*, New York.
B. Ketley, M. Rolfe, *French Aces of World War 2*, Oxford 1999.
J.-C. Labadie, P. Boucard, B. Auzet 2010, *La bataille des Alpes. Les combats oubliés: Ubaye , juin 1940* , Château-Arnoux.
P. Lachal 2007, *Fortifications des Alpes - Leur rôle dans les combats de 1939-1945 - Ubaye-Ubayette - Restfond.*, L'Argentière-la-Bessée.
L. E. Longo 1991, *I "Reparti speciali" italiani nella Seconda Guerra Mondiale 1940-1943*, Milano
E. Lucas, G. De Vecchi 1976, *Storia delle unità combattenti della M.V.S.N.*, Roma.
C. Malaparte 1947, *Il sole è cieco*, Milano- Roma.
D. Mack Smith 1976, *Le guerre del Duce*, tr. it. Roma- Bari.
G. Massimello, G. Apostolo 2000, *Italian Aces of World War II*, Oxford.
F. Mattesini 2020, "Un episodio della guerra nelle Alpi dal 21 al 24 giugno 1940. Le operazioni della 4a Armata Alpina sui fronti dell'Isére e della Val D'Arc nell'80° Anniversario", academia. edu.
J.-Y. Mary, A. Hohnadel, J. Sicard 2009, *Hommes et Ouvrages de la Ligne Maginot, Tomo 4 - La fortification alpine*, Paris.
C. Malaparte 1947, *Il sole è cieco*, Milano.
M. Mazzetti 1974, *La politica militare italiana fra le due guerre mondiali (1918-1940)*, Salerno.
M. Minola, B. Ronco 2008, *Fortificazioni nell'arco alpino*, Torino.
A Mollo 1981, *The Armed Forces of World War II*, London (tr. it. Novara 1982).
M. Molteni 2018, *L' aviazione italiana 1940-1945. Azioni belliche e scelte operative*, Città di Castello
J.-L. Panicacci 1997, *Les Alpes-Maritimes de 1939 à 1945 - Un département dans la tourmente,* Nice,.
J.-L. Panicacci 1997, *Les lieux de mémoire - de la deuxième guerre mondiale dans les Alpes-Maritimes*, Nice.
P. Pieri, G. Rochat 1974, *Badoglio*, Torino.
R.H. Rainero 1997,*Mussolini e Petain. Storia dei rapporti tra l'Italia e la Francia di Vichy. (10 giugno 1940-8 settembre 1943)*, Roma USSME.
E. von Rintelen 1947, *Mussolini l'alleato*, Roma.
G. Rochat 2005, *Le guerre italiane 1935-1943. Dall'impero d'Etiopia alla disfatta*, Torino.
G. Rochat (trad. A, Pilloud) 2008, "La campagne italienne de juin 1940 dans les Alpes occidentales" *Revue Historique des armées*, n. 250.

D. Rodogno 2003, *Il nuovo ordine mediterraneo - Le politiche di occupazione dell'Italia fascista in Europa (1940 - 1943)*, Bollati Boringhieri, Torino.

P. Romeo di Colloredo 2017, *Camicia Nera! Storia militare della Milizia Volontaria per la Sicurezza nazionale dalle origini al 25 luglio*, Bergamo.

P. Romeo di Colloredo 2019, *Da Sidi el Barrani a Beda Fomm, 1940- 1941. la Caporetto di Mussolini*, Bergamo.

P. Romeo di Colloredo 2019, *Per vincere ci vogliono i leoni... I fronti dimenticati delle Camicie Nere 1939- 1943*, Bergamo.

M. Schiavon 2007, *Une victoire dans la défaite, la destruction du Chaberton, Briançon 1940*, Parçay-sur-Vienn

M. Schiavon 2011, *Victoire sur les Alpes: juin 1940, Briançonnais, Queyras, Ubaye*, Parçay-sur-Vienne.

D. Schipsi, 2007, *L'occupazione Italiana dei territori metropolitani francesi (1940-1943)*, Roma, USSME.

E. Sica 2015, *Mussolini's Army in the French Riviera. Italy's Occupation of France*, Chicago.

A. Tamaro 1953, *Venti anni di storia 1922-1943*. Roma.

Ufficio Storico dello Stato Maggiore dell'Esercito 2007, *L'occupazione italiana dei territori metropolitani francesi (1940-1943)*, Roma.

J. Whittam 1977, *The Politics of the Italian Army*, London (tr.it. Milano 1979).

R. Zanussi 1945, *Guerra e catastrofe d'Italia, I, 10 giugno 1940- 8 settembre 1943*, Roma.

R. Zizzo, et all. 2009, *Giugno 1940. Guerra sulle Alpi*, Campobasso.

# TITOLI PUBBLICATI - ALREADY PUBLISHING

www.ingramcontent.com/pod-product-compliance
Lightning Source LLC
LaVergne TN
LVHW081541070526
838199LV00057B/3738